中华人民共和国
新法规汇编

2022
第9辑

司法部 编

中国法制出版社

编辑说明

一、《中华人民共和国新法规汇编》是国家出版的法律、行政法规汇编正式版本，是刊登报国务院备案并予以登记的部门规章的指定出版物。

二、本汇编收集的内容包括：上一个月内由全国人民代表大会及其常务委员会通过的法律和有关法律问题的决定，国务院公布的行政法规和国务院文件，报国务院备案并予以登记的部门规章，最高人民法院和最高人民检察院公布的司法解释。另外，还收入了上一个月内报国务院备案并予以登记的地方性法规和地方政府规章目录。

三、本汇编所收的内容，按下列分类顺序编排：法律，行政法规，国务院文件，国务院部门规章，司法解释。每类中按公布的时间顺序排列。报国务院备案并予以登记的地方性法规和地方政府规章目录按1987年国务院批准的行政区划顺序排列；同一行政区域报备两件以上者，按公布时间顺序排列。

四、本汇编每年出版12辑，每月出版1辑。本辑为2022年度第9辑，收入2022年8月份内公布的国务院文件1件、报国务院备案并经审查予以登记编号的部门规章5件、司法解释2件，补收7月份内公布的国务院文件1件，共计9件。

五、本汇编在编辑出版过程中，得到了国务院有关部门和有关方面以及广大读者的大力支持和协助，在此谨致谢意。

司法部

2022年9月

目　录

国务院文件

国务院部门规章

司法解释

国务院文件

国务院办公厅关于进一步规范行政裁量权基准制定和管理工作的意见

（2022 年 7 月 29 日　国办发〔2022〕27 号）

行政裁量权基准是行政机关结合本地区本部门行政管理实际，按照裁量涉及的不同事实和情节，对法律、法规、规章中的原则性规定或者具有一定弹性的执法权限、裁量幅度等内容进行细化量化，以特定形式向社会公布并施行的具体执法尺度和标准。规范行政裁量权基准制定和管理，对保障法律、法规、规章有效实施，规范行政执法行为，维护社会公平正义具有重要意义。近年来，各地区各部门不断加强制度建设，细化量化行政裁量权基准，执法能力和水平有了较大提高，但仍存在行政裁量权基准制定主体不明确、制定程序不规范、裁量幅度不合理等问题，导致行政执法该严不严、该宽不宽、畸轻畸重、类案不同罚等现象时有发生。为建立健全行政裁量权基准制度，规范行使行政裁量权，更好保护市场主体和人民群众合法权益，切实维护公平竞争市场秩序，稳定市场预期，经国务院同意，现提出以下意见。

一、总体要求

（一）指导思想。坚持以习近平新时代中国特色社会主义思想为指导，全面贯彻党的十九大和十九届历次全会精神，深入贯彻习近平法治思想，认真落实党中央、国务院决策部署，立足新发展阶段，完整、准确、全面贯彻新发展理念，构建新发展格局，切实转变政府职能，建立健全行政裁量权基准制度，规范行使行政裁量权，完善执法程序，强化执法监督，推动严格规范公正文明执法，提高依法行政水平，为推进政府治理体系和治理能力现代化提供有力法治保障。

（二）基本原则。

坚持法制统一。行政裁量权基准的设定要于法于规有据，符合法律、法规、规章有关行政执法事项、条件、程序、种类、幅度的规定，充分考虑调整共同行政行为的一般法与调整某种具体社会关系或者某一方面内容的单行法之间的关系，做到相互衔接，确保法制的统一性、系统性和完整性。

坚持程序公正。严格依照法定程序科学合理制定行政裁量权基准，广泛听取公民、法人和其他组织的意见，依法保障行政相对人、利害关系人的知情权和参与权。行政裁量权基准一律向社会公开，接受市场主体和人民群众监督。

坚持公平合理。制定行政裁量权基准要综合考虑行政职权的种类，以及行政执法行为的事实、性质、情节、法律要求和本地区经济社会发展状况等因素，应确属必要、适当，并符合社会公序良俗和公众合理期待。要平等对待公民、法人和其他组织，对类别、性质、情节相同或者相近事项处理结果要基本一致。

坚持高效便民。牢固树立执法为民理念，积极履行法定职责，简化流程、明确条件、优化服务，切实提高行政效能，避免滥用行政裁量权，防止执法扰民和执法简单粗暴"一刀切"，最大程度为市场主体和人民群众提供便利。

（三）工作目标。到2023年底前，行政裁量权基准制度普遍建立，基本实现行政裁量标准制度化、行为规范化、管理科学化，确保行政机关在具体行政执法过程中有细化量化的执法尺度，行政裁量权边界明晰，行政处罚、行政许可、行政征收征用、行政确认、行政给付、行政强制、行政检查等行为得到有效规范，行政执法质量和效能大幅提升，社会满意度显著提高。

二、明确行政裁量权基准制定职责权限

（四）严格履行行政裁量权基准制定职责。国务院有关部门可以依照法律、行政法规等制定本部门本系统的行政裁量权基准。制定过程中，要统筹考虑其他部门已制定的有关规定，确保衔接协调。省、自治区、直辖市和设区的市、自治州人民政府及其部门可以依照法律、法规、规章以及上级行政机关制定的行政裁量权基准，制定本行政区域内的行政裁量权基准。县级人民政府及其部门可以在法定范围内，对上级行政机关制定的行政裁量权基准适用的标准、条件、种类、幅度、方式、时限予以合理细化量化。地方人民政府及其部门在制定行政裁量权基准过程中，可以参考与本地区经济发展水平、人口规模等相近地方的有关规定。

（五）严格规范行政裁量权基准制定权限。行政机关可以根据工作需要依法制定行政裁量权基准。无法律、法规、规章依据，不得增加行政相对人的义务或者减损行政相对人的权益。对同一行政执法事项，上级行政机关已经制定行政裁量权基准的，下级行政机关原则上应直接适用；如下级行政机关不能直接适用，可以结合本地区经济社会发展状况，在法律、法规、规章规定的行政裁量权范围内进行合理细化量化，但不能超出上级行政机关划定的阶次或者幅度。下级行政机关制定的行政裁量权基准与上级行政机关制定的行政裁量权基准冲突的，应适用上级行政机关制定的行政裁量权基准。

三、准确规定行政裁量权基准内容

（六）推动行政处罚裁量适当。对同一种违法行为，法律、法规、规章规定可以选择处罚种类、幅度，或者法律、法规、规章对不予处罚、免予处罚、从轻处罚、减轻处罚、从重处罚的条件只有原则性规定的，要根据违法行为的事实、性质、情节以及社会危害程度细化量化行政处罚裁量权基准，防止过罚不相适应、重责轻罚、轻责重罚。行政处罚裁量权基准应当包括违法行为、法定依据、裁量阶次、适用条件和具体标准等内容。要严格依照《中华人民共和国

行政处罚法》有关规定，明确不予处罚、免予处罚、从轻处罚、减轻处罚、从重处罚的裁量阶次，有处罚幅度的要明确情节轻微、情节较轻、情节较重、情节严重的具体情形。

要坚持过罚相当、宽严相济，避免畸轻畸重、显失公平。坚持处罚与教育相结合，发挥行政处罚教育引导公民、法人和其他组织自觉守法的作用。对违法行为依法不予行政处罚的，行政机关要加强对当事人的批评教育，防止违法行为再次发生。

要依法合理细化具体情节、量化罚款幅度，坚决避免乱罚款，严格禁止以罚款进行创收，严格禁止以罚款数额进行排名或者作为绩效考核的指标。罚款数额的从轻、一般、从重档次情形要明确具体，严格限定在法定幅度内，防止简单地一律就高或者就低处罚；罚款数额为一定金额的倍数的，要在最高倍数与最低倍数之间划分阶次；罚款数额有一定幅度的，要在最高额与最低额之间划分阶次，尽量压缩裁量空间。需要在法定处罚种类或幅度以下减轻处罚的，要严格进行评估，明确具体情节、适用条件和处罚标准。

（七）推动行政许可便捷高效。法律、法规、规章对行政许可的条件、程序、办理时限、不予受理以及行政许可的变更、撤回、撤销、注销只有原则性规定，或者对行政许可的申请材料没有明确规定的，有关行政机关可以对相关内容进行细化量化，但不得增加许可条件、环节，不得增加证明材料，不得设置或者变相设置歧视性、地域限制等不公平条款，防止行业垄断、地方保护、市场分割。拟在法律、法规、国务院决定中设定行政许可的，应当同时规定行政许可的具体条件；暂时没有规定的，原则上有关行政机关应以规章形式制定行政许可实施规范，进一步明确行政许可的具体条件。对法定的行政许可程序，有关行政机关要优化简化内部工作流程，合理压缩行政许可办理时限。

行政许可需要由不同层级行政机关分别实施的，要明确不同层级行政机关的具体权限、流程和办理时限，不得无故拖延办理、逾期办理；不同层级行政机关均有权实施同一行政许可的，有关行政机关不得推诿或者限制申请人的自主选择权。法律、法规、规章没有对行政许可规定数量限制的，不得以数量控制为由不予审批。实施行政许可需要申请人委托中介服务机构提供资信证明、检验检测、评估等中介服务的，行政机关不得指定中介服务机构。

（八）推动行政征收征用公平合理。制定行政征收征用裁量权基准要遵循征收征用法定、公平公开、尊重行政相对人财产权等原则，重点对行政征收征用的标准、程序和权限进行细化量化，合理确定征收征用财产和物品的范围、数量、数额、期限、补偿标准等。对行政征收项目的征收、停收、减收、缓收、免收情形，要明确具体情形、审批权限和程序。除法律、法规规定的征收征用项目外，一律不得增设新的征收征用项目。法律、法规规定可以委托实施征收征用事务的，要明确委托的具体事项、条件、权限、程序和责任。不得将法定职责范围内的征收征用事务通过购买服务的方式交由其他单位或者个人实施。

（九）规范行政确认、行政给付、行政强制和行政检查行为。法律、法规、规章对行政确认、行政给付、行政强制的条件、程序和办理时限只有原则性规定，对行政检查的职责和范围只有原则性规定，对行政确认的申请材料没有明确规定，对行政给付数额规定一定幅度的，有关行政机关可以依照法定权限和程序对相关内容进行细化量化。

四、严格行政裁量权基准制定程序

（十）明确制定程序。加强行政裁量权基准制发程序管理，健全工作机制，根据行政裁量权的类型确定行政裁量权基准的发布形式。以规章形式制定行政裁量权基准的，要按照《规章制定程序条例》规定，认真执行立项、起草、审查、决定、公布等程序。行政机关为实施法律、法规、规章需要对裁量的阶次、幅度、程序等作出具体规定的，可以在法定权限内以行政规范性文件形式作出规定。以行政规范性文件形式制定行政裁量权基准的，要按照《国务院办公厅关于加强行政规范性文件制定和监督管理工作的通知》（国办发〔2018〕37 号）要求，严格执行评估论证、公开征求意见、合法性审核、集体审议决定、公开发布等程序。

（十一）充分研究论证。制定行政裁量权基准，要根据管理需要，科学分析影响行政执法行为的裁量因素，充分考量行政裁量权基准的实施效果，做好裁量阶次与裁量因素的科学衔接、有效结合，实现各裁量阶次适当、均衡，确保行政执法适用的具体标准科学合理、管用好用。

五、加强行政裁量权基准管理

（十二）规范适用行政裁量权基准。行政机关在作出行政执法决定前，要告知行政相对人有关行政执法行为的依据、内容、事实、理由，有行政裁量权基准的，要在行政执法决定书中对行政裁量权基准的适用情况予以明确。适用本行政机关制定的行政裁量权基准可能出现明显不当、显失公平，或者行政裁量权基准适用的客观情况发生变化的，经本行政机关主要负责人批准或者集体讨论通过后可以调整适用，批准材料或者集体讨论记录应作为执法案卷的一部分归档保存。适用上级行政机关制定的行政裁量权基准可能出现明显不当、显失公平，或者行政裁量权基准适用的客观情况发生变化的，报请该基准制定机关批准后，可以调整适用。对调整适用的行政裁量权基准，制定机关要及时修改。因不规范适用行政裁量权基准造成严重后果的，要依规依纪依法严格追究有关人员责任。

（十三）强化日常监督管理。各地区各部门要通过行政执法情况检查、行政执法案卷评查、依法行政考核、行政执法评议考核、行政复议附带审查、行政执法投诉举报处理等方式，加强对行政裁量权基准制度执行情况的监督检查。要建立行政裁量权基准动态调整机制，行政裁量权基准所依据的法律、法规、规章作出修改，或者客观情况发生重大变化的，要及时进行调整。行政裁量权基准制定后，要按照规章和行政规范性文件备案制度确定的程序和时限报送备案，主动接受备案审查机关监督。备案审查机关发现行政裁量权基准与法律、法规、规章相抵触的,要依法予以纠正。

(十四)大力推进技术应用。要推进行政执法裁量规范化、标准化、信息化建设,充分运用人工智能、大数据、云计算、区块链等技术手段,将行政裁量权基准内容嵌入行政执法信息系统,为行政执法人员提供精准指引,有效规范行政裁量权行使。

六、加大实施保障力度

(十五)加强组织实施。各地区各部门要高度重视行政裁量权基准制定和管理工作,加强统筹协调,明确任务分工,落实责任。要将行政裁量权基准制定和管理工作纳入法治政府建设考评指标体系,列入法治政府建设督察内容。国务院有关部门要加强对本系统行政裁量权基准制定和管理工作的指导,推进相关标准统一,及时研究解决重点难点问题。司法行政部门要充分发挥组织协调、统筹推进、指导监督作用,总结推广典型经验,研究解决共性问题,督促做好贯彻落实工作。

(十六)强化宣传培训。各地区各部门要加大宣传力度,通过政府网站、新闻发布会以及报刊、广播、电视、新媒体等方式开展多种形式宣传,使广大公民、法人和其他组织充分了解建立健全行政裁量权基准制度的重要性、积极参与监督和评议行政执法活动。司法行政部门要结合实际,综合采取举办培训班和专题讲座等多种方式,组织开展业务培训。国务院部门和地方各级行政机关要加强对行政执法人员的培训,通过专业讲解、案例分析、情景模拟等方式,提高行政执法人员熟练运用行政裁量权基准解决执法问题的能力。

各地区各部门要按照本意见要求,及时做好行政裁量权基准制定和管理工作,并将本意见的贯彻落实情况和工作中遇到的重要事项及时报司法部。

国务院关于支持山东深化新旧动能转换推动绿色低碳高质量发展的意见

（2022 年 8 月 25 日　国发〔2022〕18 号）

山东是我国重要的工业基地和北方地区经济发展的战略支点。为支持山东在深化新旧动能转换基础上，着力探索转型发展之路，进一步增强区域发展活力动力，加快推动绿色低碳高质量发展，现提出如下意见。

一、总体要求

（一）指导思想。

以习近平新时代中国特色社会主义思想为指导，深入落实习近平总书记关于山东工作“走在前列、全面开创”的重要指示精神，坚持稳中求进工作总基调，完整、准确、全面贯彻新发展理念，坚持以人民为中心的发展思想，坚定不移走生态优先、绿色发展的现代化道路，以深化新旧动能转换为中心任务，以形成绿色低碳生产生活方式为主攻方向，以改革创新为根本动力，统筹发展和安全，改造提升传统动能和培育壮大新动能并举，努力建设绿色低碳高质量发展先行区，努力在服务和融入新发展格局上走在前、在增强经济社会发展创新力上走在前、在推动黄河流域生态保护和高质量发展上走在前，不断改善人民生活、促进共同富裕，开创新时代社会主义现代化强省建设新局面。

（二）发展导向。

——深化新旧动能转换。实施创新驱动发展战略，坚持腾笼换鸟、凤凰涅槃，依托新旧动能转换综合试验区，打造全国重要的区域创新高地和科技创新策源地，培育一批有重要影响力的战略性新兴产业集群，加快探索形成新旧动能转换的路径模式。

——推动绿色低碳转型发展。实施全面节约战略，围绕实现碳达峰碳中和，坚持降碳、减污、扩绿、增长协同推进，推动重化工业转型、低碳技术研发推广、绿色发展机制创新，加快形成节约资源和保护环境的产业结构、生产方式、生活方式、空间格局。

——促进工业化数字化深度融合。坚持走新型工业化道路，协同推进产业数字化和数字产业化，以制造业数字化、网络化、智能化发展为牵引，强化底层技术突破，汇聚海量数据，丰富产业应用场景，创新融合发展模式，促进数字技术全链条赋能实体经济，推动制造大省向制造强省转变。

——深入实施黄河流域生态保护和高质量发展战略。发挥山东半岛城市群龙头作用，全方位、多层次深化黄河流域大保护、大治理，在生态环境高水平保护、水资源深度节约集约利用和协同推进经济高质量发展方面加强探索创新。

（三）发展目标。

到2027年，山东深化新旧动能转换建设绿色低碳高质量发展先行区实现重大突破，形成一批可复制可推广的成功经验。产业数字化转型全面推进，新技术、新产业、新业态、新模式成为经济发展的主要驱动力。能源结构、产业结构显著优化，增量能源消费主要依靠非化石能源提供，重点行业和企业能效水平全国领先。水资源节约集约利用水平大幅提升，主要污染物排放总量持续下降，城乡人居环境和居民生活品质显著改善。重点领域改革取得重大突破，简政放权、放管结合、优化服务改革取得实质性进展，营商环境达到全国一流水平。

到2035年，山东成功跨越转变经济发展方式、优化经济结构、转换增长动力的常规性长期性关口，努力建成现代化经济体系，碳排放达峰后稳中有降，发展动能持续转换升级和绿色低碳发展的体制机制基本成熟定型，建成新时代社会主义现代化强省。

二、降碳提质并举，全面改造提升传统产业

（四）推动传统支柱产业绿色化高端化发展。以节能降碳和绿色转型为牵引，实施产业基础再造工程和质量提升行动，支持传统优势产业做精做强，向产业链中高端迈进。支持山东以化工、有色金属、建材、纺织、轻工等行业为重点，“一业一策”制定改造提升计划。推进产业园区循环化改造，促进废物综合利用、能量梯级利用、水资源循环利用。

（五）加快重化工业布局优化和结构调整。坚持高端化、绿色化、集约化，促进钢铁、石化企业兼并重组，实现产能向沿海地区园区集中。京津冀大气污染传输通道城市钢铁产能实现应退尽退，推动重要钢铁产业基地工艺流程优化和产品结构升级。深入推进化工园区整治提升，鼓励企业减油增化，延伸石化产业链，提高化工新材料保障能力。扎实推进裕龙岛炼化一体化项目建设，严格落实产能置换指标，稳妥推动后续地炼产能整合。

（六）坚决遏制高耗能高排放低水平项目盲目发展。聚焦重点耗能行业，强化环保、质量、技术、节能、安全标准引领，对高耗能高排放项目全面推行清单管理、分类处置、动态监控。新建高耗能高排放项目严格落实产能、煤耗、能耗、碳排放、污染物排放等减量替代要求，主要产品能效水平对标国家能耗限额先进标准并力争达到国际先进水平；对存量项目积极有序开展节能降碳技术改造，加快淘汰落后产能。

三、坚持清洁低碳安全高效，优化能源和交通结构

（七）推动化石能源清洁高效利用。在确保能源安全可靠稳定供应的基础上，严格合理控制煤炭消费增长，加快实施煤电机组节能降碳改造、供热改造、灵活性改造“三改联动”，原则上不再新建自备燃煤机组。大幅压减散煤消费，因地制宜推进“煤改气”、“煤改电”，推广工业余热余压综合利用。提升胜利油田、渤海油气资源勘探开发和清洁低碳生产水平，加强油气开发与新能源融合发展，推进中俄东线天然气管道（山东段）、沿海液化天然气（LNG）接收站等基础设施建设。

（八）促进非化石能源大规模高比例发展。支持山东大力发展可再生能源，打造千万千瓦级深远海海上风电基地，利用鲁北盐碱滩涂地、鲁西南采煤沉陷区等建设规模化风电光伏基地,探索分布式光伏融合发展模式。在确保绝对安全的前提下在胶东半岛有序发展核电,推动自主先进核电堆型规模化发展,拓展供热、海水淡化等综合利用。推动“绿电入鲁”,支持山东加强与送端省份合作,积极参与大型风电光伏基地建设,加快陇东至山东特高压输电通道建设,新建特高压输电通道中可再生能源电量比例原则上不低于50%。构建源网荷储协同互动的智慧能源系统,推动抽水蓄能电站建设,提升新型储能应用水平。

(九)优化交通设施布局和结构。推动青岛经济南至郑州、西安通道建设,加快建成京沪高铁辅助通道,推进京杭运河黄河以北段适宜河段复航。推动青岛港和日照港、烟台港等加快建设世界一流海港,强化与天津、河北、江苏等沿海省份港口合作互动,共同打造世界级港口群。完善多式联运体系,推进大宗货物运输“公转铁”、“公转水”。支持青岛港扩大氢能利用、日照港建设大宗干散货智慧绿色示范港口,构建以电气化铁路、节能环保船舶为主的中长途绿色货运系统。

四、推动数字绿色文化赋能,积极培育发展新兴产业

(十)全面推动制造业数字化转型。以石化、高端装备、纺织、家电等行业为重点,大力提升数字基础设施支撑、数据资源汇聚运用和信息安全保障能力,加快新一代信息技术与制造业全过程、全要素深度融合,推进特色优势产业补链强链,打造国际一流的智能家电、轨道交通、动力装备等先进制造业集群。培育具有国际影响力的工业互联网平台,提升标识解析体系层次和应用深度,积极发展网络协同制造、个性化定制、智能化管理等新模式。布局一批数字化转型促进中心,梯次培育“专精特新”中小企业和单项冠军企业。

(十一)培育壮大数字产业。构建“5G+光网”双千兆高速网络,建设国家级互联网骨干直联点和青岛国际通信业务出入口局。大力提升先进计算、新型智能终端、超高清视频、网络安全等数字优势产业竞争力,积极推进光电子、高端软件等核心基础产业创新突破,前瞻布局未来网络、碳基半导体、类脑计算等未来产业。建设济南、青岛国家E级超算中心,提升云计算能力,完善国家级、省级及边缘工业互联网大数据中心体系。

(十二)大力发展海洋特色新兴产业集群。面向深海大洋资源开发,突破海工高端装备关键核心技术,建设世界领先的海工装备基地。加快海洋新材料研发应用,延伸海洋化工产业链。促进海洋生物医药创新,实施现代渔业"蓝色良种"工程,建设国家深海基因库。打造集成风能开发、氢能利用、海水淡化及海洋牧场建设等的海上"能源岛"。建设国家海洋综合试验场(威海),实施智慧海洋工程。

(十三)积极发展绿色低碳新兴产业。支持山东布局大功率海上风电、高效光伏发电、先进核电等清洁能源装备与关键零部件制造。实施"氢进万家"科技示范工程,构建制储输用全链条发展的创新应用生态。壮大污染治理、固体废物资源化利用、环境监测等节能环保装备产业,加快节能环保服务业发展,鼓励向价值链高端延伸。

(十四)实施文化赋能行动。深入发掘儒家文化、泰山文化、黄河文化、运河文化等中华优秀传统文化和红色文化独特魅力,为产品研发、设计制造、文旅发展铸魂赋能,塑造一批积淀深厚、特色鲜明的原创标识和国潮品牌。大力发展创意设计、网络视听、文化会展、数字出版等文化产业,推动文化和旅游融合发展,建设"好客山东"全域旅游示范区、国际著名文化旅游目的地。

五、实施创新驱动发展战略,加快塑造发展新优势

(十五)推动重大创新平台建设。发挥山东海洋科技资源雄厚、海洋产业基础较好的综合优势,高质量建设海洋领域国家实验室。支持在新一代信息技术、新材料、高端装备、绿色矿山等领域按程序稳步重组一批全国重点实验室,在工业互联网、生命健康、虚拟现实等新兴产业领域培育国家工程研究中心等重大创新平

台。

（十六）强化企业创新主体地位。鼓励企业特别是国有企业加大研发投入力度，建立研发投入增长机制和研发准备金制度。支持产业链领航企业联合高校、科研院所和行业企业共建产业创新中心，承担国家重大科技项目，组织开展“技术攻关+产业化应用”重大科技示范工程。鼓励大型企业科技设施、科研数据、技术验证环境与中小企业共享共用，构建产业链上中下游、大中小企业融通创新生态。

（十七）激发人才创新创造活力。支持山东探索建立顶尖人才“直通车”机制，实行“一人一策”。通过事业育才、政策聚才、柔性引才等模式，聚集一批领军人才和青年科技人才，赋予更大技术路线决定权和经费使用权。创新高校人才培育和职业教育发展模式，建设适应产业升级需求的技术人才队伍。实行科技攻关“赛马制”、“揭榜挂帅”，实施以增加知识价值为导向的分配政策，依法赋予科研人员职务科技成果所有权或长期使用权。

六、践行绿水青山就是金山银山理念，持续改善生态环境质量

（十八）加强水资源节约集约利用。坚持以水定城、以水定地、以水定人、以水定产，实施最严格的水资源保护利用制度，打好深度节水控水攻坚战。培育水权交易市场，实施国家节水行动，提升污水资源化利用比例和海水淡化利用规模。开展黄河下游“二级悬河”治理，实施黄河下游防洪工程、引黄涵闸改建工程，推动病险水库水闸除险加固，加强黄河口地区、东平湖蓄滞洪区综合治理，确保黄河下游长久安澜。研究论证南水北调东线山东境内工程线路布局，优化水资源配置。

（十九）提升生态系统功能和碳汇能力。坚持山水林田湖草沙一体化保护和修复，构建沿海岸带、沿黄河、沿大运河等生态廊道和鲁中山区、鲁东低山丘陵等生态屏障，实施重点区域生态保护和修复工程。深入推进黄河口国家公园创建，全面保护黄河三角洲湿地生态系统。加强沿海防护林、河口、岸线、海湾、湿地、海岛等保护修复，实施自然岸线保有率目标管控，探索建立海岸建筑退缩线制度。定期开展森林、湿地、海洋、土壤等碳汇本底调查、碳储量评估、潜力分析。

（二十）持续改善环境质量。打好蓝天保卫战，制定空气质量限期达标路线图，推动细颗粒物（$PM_{2.5}$）浓度持续下降，有效遏制臭氧（O_3）浓度上升，消除重污染天气。打好碧水保卫战，规范入河（海）排污口设置，加快推进黄河干流及主要支流岸线1公里范围内高耗水、高污染企业搬迁入园，消除国控断面劣Ⅴ类水体，加强南水北调东线工程沿线污染治理。打好净土保卫战，加强受污染耕地、矿区用地等土壤风险管控和修复，确保人口密集区化工企业腾退土地安全利用。全面排查、坚决防止污染项目向农村地区转移。持续推进蓝色海湾整治行动和海岸带保护修复工程，坚持“一湾一策”推进海湾综合治理，强化陆源污染排放项目和岸线、滩涂管理，布局建设北方海洋环境应急处置中心。

（二十一）加快形成绿色低碳生活方式。深入实施绿色低碳全民行动，扩大节能环保汽车、节能家电、高效照明等绿色产品供给，探索建立个人碳账户等绿色消费激励机制，全面推行城市生活垃圾分类，落实粮食节约行动方案。开展绿色生活创建活动，扩大政府绿色采购覆盖范围，引导企业深入执行绿色采购指南。城镇新建建筑全面执行绿色建筑标准，推动建筑光伏一体化和超低能耗建筑规模化发展。

（二十二）建立绿色低碳发展体制机制。稳步推进能耗“双控”向碳排放总量和强度“双控”转变。探索生态产品价值实现机制、碳汇补偿和交易机制，支持山东更多行业企业参与全国碳排放权交易，开展重点产品全生命周期碳足迹核算。在具备条件的钢铁、水泥、化工等行业探索建设大型碳捕集利用与封存示范项目，通过市场化方式鼓励利用废弃油田、矿井等发展多样化低成本碳封存，拓展二氧化碳在油气开采、大棚种植、冷链运输等领域应用场景。引导金融机构按照市场化法治化原则开发绿色金融产品、扩大绿色信贷规模,支持符合条件企业发行绿色债券。

七、促进城乡区域协调,构筑高质量发展空间动力系统

(二十三)提升省内区域协调联动发展水平。推动山东半岛城市群集约发展,打造黄河流域增长极。培育发展济南、青岛现代化都市圈,高质量建设济南新旧动能转换起步区和青岛西海岸新区。提升鲁西、胶东、鲁南地区发展水平,促进协同互动。支持资源型城市、区域交界城市发展,因地制宜发展特色优势产业。推进以县城为重要载体的城镇化建设。

(二十四)提升城市建设和治理现代化水平。实施城市更新行动,加快城镇老旧小区改造,全面推进燃气管道等老化更新改造,建设活力街区。健全重大突发事件快速响应机制,加大城市防灾减灾设施建设力度,加强城市防洪排涝体系建设,严格保护生态空间、泄洪通道等。完善环境基础设施,健全废旧物资循环利用体系,推动城市雨污合流管网改造、城镇污水处理厂提标改造、公共供水管网漏损治理,实现城市建成区黑臭水体清零。加快新型城市基础设施建设,提升城市治理数字化网格化精细化水平。

(二十五)扎实推进乡村振兴。扛牢维护粮食安全大省责任,严守耕地保护红线,加快推进高标准农田建设,开展盐碱地等耕地后备资源利用。实施种业振兴行动,加快农产品仓储保鲜冷链物流设施建设,建设重要农产品和蔬果供应保障基地。推进绿色生态农业技术研发应用,实现化肥、农药、地膜使用量负增长,提升农业废弃物综合利用水平。实施农房质量安全提升工程,深化农村人居环境整治提升。做好黄河滩区居民迁建后续扶持,统筹推进搬迁安置、产业就业、公共设施和社区服务体系建设。

八、创新体制机制,建设改革开放新高地

(二十六)健全动能转换的市场化机制。加快国有经济布局优化、结构调整和战略性重组,推动国有企业率先淘汰低效落后产能,促进国有资本向前瞻性战略性新兴产业集中。健全支持民营企业改革发展政策,依法平等保护民营企业产权和企业家权益,大

力弘扬企业家精神。破除制约劳动力、技术、数据等要素自由流动的体制机制障碍,坚决废除妨碍统一市场和公平竞争的规定和做法,探索能源、公用事业等行业竞争性环节市场化改革路径。依法推动农村宅基地、集体建设用地等领域改革。

(二十七)建设高效能服务型政府。深化“放管服”改革,打造市场化法治化国际化营商环境。全面实行政府权责清单制度,结合山东实际深化“一网通办”、“一次办好”、“一链办理”改革,实现政务服务标准化、规范化、便利化。构建一体化政务大数据平台,打造场景牵引、数据驱动、智能高效的数字政府。聚焦企业、个人全生命周期政务服务事项,大力推进极简办、集成办、全域办,实现惠企利民政策“免申即享”、快速兑现。加快建立健全全方位、多层次、立体化监管体系,健全“双随机、一公开”和“互联网+监管”等监管手段,实现事前事中事后全链条全领域监管。

(二十八)拓展对外开放合作新优势。深度融入共建“一带一路”,发挥中国—上合组织地方经贸合作示范区作用,深化与有关国家在能源等领域的投资合作,积极支持中欧班列高质量发展。积极参与区域全面经济伙伴关系协定(RCEP)实施,发挥与日韩等东亚国家深度合作优势,在服务贸易、电子商务、知识产权等领域加大开放合作力度,创建中日韩地方经贸合作示范区。深化绿色低碳技术、装备、服务、基础设施等领域国际合作,推动技术、产品走出去,合理调控高耗能、高排放产品出口,率先开展绿色贸易规则衔接。推动中国(山东)自由贸易试验区各项改革开放任务加快落地。

九、组织实施

(二十九)坚持党的全面领导。把党的领导贯穿到山东深化新旧动能转换建设绿色低碳高质量发展先行区的全过程和各领域各环节,充分发挥基层党组织战斗堡垒作用,全面调动广大党员、干部干事创业积极性、主动性、创造性,大力营造鼓励改革、支持创新、宽容失败的良好氛围。

（三十）强化政策支持和改革探索。赋予山东更大改革自主权，在科技创新、生态产品价值实现、绿色低碳技术应用、标准化创新发展等领域优先开展探索实践。健全有利于绿色低碳高质量发展的财政金融政策，与土地、价格、生态环境、社会等公共政策形成合力。发挥重大项目对促进新旧动能转换和绿色低碳高质量发展的牵引带动作用，将符合条件的项目纳入中央预算内投资、地方政府专项债券支持范围。

（三十一）加强统筹协调。国家发展改革委要会同有关部门认真贯彻党中央、国务院决策部署，加强对山东省的指导，统筹协调落实本意见提出的跨领域、跨区域重点任务，研究制定配套政策，帮助解决改革转型中的重点难点问题，及时总结推广经验做法。山东省要切实履行主体责任，制定具体实施方案，推进各项任务落实。重大情况及时向党中央、国务院报告。

国务院部门规章

中央企业节约能源与生态环境保护监督管理办法

（2022年6月29日国务院国有资产监督管理委员会令第41号公布　自2022年8月1日起施行　国司备字[2022006756]）

第一章　总　　则

第一条　为深入贯彻习近平生态文明思想，全面落实党中央、国务院关于生态文明建设的重大决策部署，指导督促中央企业落实节约能源与生态环境保护主体责任，推动中央企业全面可持续发展，根据《中华人民共和国节约能源法》《中华人民共和国环境保护法》等有关法律法规，制定本办法。

第二条　本办法所称中央企业，是指国务院国有资产监督管理委员会（以下简称国资委）根据国务院授权履行出资人职责的国家出资企业。

第三条　国资委对中央企业节约能源与生态环境保护工作履行以下职责：

（一）指导督促中央企业履行节约能源与生态环境保护主体责任，贯彻落实节约能源与生态环境保护相关法律法规、政策和标准。

（二）指导督促中央企业建立健全节约能源与生态环境保护组织管理、统计监测和考核奖惩体系。

（三）建立健全中央企业节约能源与生态环境保护考核奖惩制度，实施年度及任期考核，将考核结果纳入中央企业负责人经营业绩考核体系。

（四）组织或参与对中央企业节约能源与生态环境保护工作的监督检查、约谈。

（五）组织对中央企业节约能源与生态环境保护工作的调研、交流、培训、宣传。

（六）配合做好中央生态环境保护督察相关工作，督促中央企业整改中央生态环境保护督察反馈的问题。

第四条 中央企业节约能源与生态环境保护工作遵循以下原则：

（一）坚持绿色低碳发展。践行绿水青山就是金山银山的理念，坚持生态优先，正确处理节能降碳、生态环境保护与企业发展的关系，构建绿色低碳循环发展体系。

（二）坚持节约优先、保护优先。坚持节约资源和保护环境的基本国策。积极建设资源节约型和环境友好型企业，推动企业产业结构调整和转型升级，促进企业可持续发展。

（三）坚持依法合规。严格遵守国家节约能源与生态环境保护法律法规和有关政策，依法接受国家和地方人民政府节约能源与生态环境保护相关部门的监督管理。

（四）坚持企业责任主体。中央企业是节约能源与生态环境保护责任主体，要严格实行党政同责、一岗双责，按照管发展、管生产、管业务必须管节约能源与生态环境保护的要求，把节约能源与生态环境保护工作贯穿生产经营的全过程。

第二章 分类管理

第五条 国资委对中央企业节约能源与生态环境保护实行动态分类监督管理，按照企业所处行业、能源消耗、主要污染物排放水平和生态环境影响程度，将中央企业划分为三类：

（一）第一类企业。主业处于石油石化、钢铁、有色金属、电力、化工、煤炭、建材、交通运输、建筑行业，且具备以下三个条件之一的：

1. 年耗能在200万吨标准煤以上。

2. 二氧化硫、氮氧化物、化学需氧量、氨氮等主要污染物排放总量位于中央企业前三分之一。

3. 对生态环境有较大影响。

（二）第二类企业。第一类企业之外具备以下两个条件之一的：

1. 年耗能在10万吨标准煤以上。

2. 二氧化硫、氮氧化物、化学需氧量、氨氮等主要污染物排放总量位于中央企业中等水平。

（三）第三类企业。除上述第一类、第二类以外的企业。

第六条 国资委根据企业能源消耗、主要污染物排放水平和生态环境影响程度等因素适时对企业类别进行调整。

第三章 基本要求

第七条 中央企业应严格遵守国家和地方人民政府节约能源与生态环境保护相关法律法规、政策和标准，自觉接受社会监督，有效控制能源消费总量，持续提升能源利用效率，减少污染物排放，控制温室气体排放。境外生产经营活动也应严格遵守所在地生态环境保护法律法规。

第八条 中央企业应积极践行绿色低碳循环发展理念，将节约能源、生态环境保护、碳达峰碳中和战略导向和目标要求纳入企业发展战略和规划，围绕主业有序发展壮大节能环保等绿色低碳产业。将节能降碳与生态环境保护资金纳入预算，保证资金足额投入。

第九条 中央企业应建立健全节约能源与生态环境保护组织管理、统计监测、考核奖惩体系。

第十条 中央企业应坚决遏制高耗能、高排放、低水平项目盲目发展,严格执行国家相关产业政策和规划。加强并购重组企业源头管理,把节约能源和生态环境保护专项尽职调查作为并购重组的前置程序。

第十一条 中央企业应对所属企业节约能源与生态环境保护工作进行监督检查,开展环境影响因素识别、风险点排查和隐患治理,防范环境污染事件。

第十二条 中央企业应积极推广应用节能低碳环保新技术、新工艺、新设备、新材料,组织开展绿色低碳技术攻关和应用。

第十三条 中央企业应发挥绿色低碳消费引领作用,强化产品全生命周期绿色管理,扩大绿色低碳产品和服务的有效供给,率先执行企业绿色采购指南,建立健全绿色采购管理制度,推进绿色供应链转型。

第十四条 中央企业应积极稳妥推进碳达峰碳中和工作,科学合理制定实施碳达峰碳中和规划和行动方案,建立完善二氧化碳排放统计核算、信息披露体系,采取有力措施控制碳排放。

第十五条 中央企业应高效开发利用化石能源,积极发展非化石能源,推进能源结构清洁化、低碳化;积极开展能效对标、能源审计、节能诊断、清洁生产审核等工作。

第十六条 中央企业生产经营活动应严格执行生态保护红线、环境质量底线、资源利用上线和环境准入负面清单要求,减少对生态环境扰动,积极开展生态修复。

第十七条 中央企业新建、改建、扩建项目应依法开展环境影响评价、节能评估、水土保持评估和竣工环境保护、水土保持设施自主验收等工作,严格遵守环保设施与主体工程同时设计、同时施工、同时投入生产和使用的有关规定。

第十八条 中央企业应严格执行国家排污许可制度,按照国家和地方人民政府要求规范危险废物的贮存、转移和处置工作。

第十九条 中央企业应自觉履行环境信息强制性披露责任，严格按照法律法规要求的内容、方式和时限如实规范披露环境信息。

第二十条 中央企业应自觉接受中央生态环境保护督察，严格按照有关规定积极配合中央生态环境保护督察工作，如实反映情况和问题，抓好整改落实，加强边督边改、督察问责和信息公开工作。

第四章 组织管理

第二十一条 中央企业应建立健全节约能源与生态环境保护领导机构，负责本企业节约能源与生态环境保护总体工作，研究决定节约能源与生态环境保护重大事项，建立工作制度。

第二十二条 中央企业应按有关要求，设置或明确与企业生产经营相适应的节约能源与生态环境保护监督管理机构，明确管理人员。机构设置、人员任职资格和配备数量，应当符合国家和行业的有关规定，并与企业的生产经营内容和性质、管理范围、管理跨度等匹配。

第二十三条 中央企业应落实节约能源与生态环境保护主体责任。企业主要负责人对本企业节约能源与生态环境保护工作负主要领导责任。分管负责人负分管领导责任。

第二十四条 中央企业应加强节约能源与生态环境保护专业队伍建设。组织开展节约能源与生态环境保护宣传和培训，提升全员意识，提高工作能力。

第五章 统计监测与报告

第二十五条 中央企业应建立自下而上、逐级把关的节约能源与生态环境保护统计报送信息系统。

第二十六条 中央企业应对各类能源消耗实行分级分类计量,合理配备和使用符合国家标准的能源计量器具。

第二十七条 中央企业应依法开展污染物排放自行监测,按照国家和地方人民政府要求建立污染物排放监测系统。加强二氧化碳统计核算能力建设,提升信息化实测水平。

第二十八条 中央企业应依法建立健全能源消耗、二氧化碳排放、污染物排放等原始记录和统计台账。

第二十九条 中央企业应严格按国家和地方人民政府规范的统计监测口径、范围、标准和方法,结合第三方检测、内部审计、外部审计等多种形式,确保能源消耗、二氧化碳排放、污染物排放等统计监测数据的真实性、准确性和完整性。

第三十条 中央企业应建立健全节约能源与生态环境保护工作报告制度。第一类、第二类企业按季度报送统计报表,第三类企业按年度报送统计报表,并报送年度总结分析报告。

第三十一条 中央企业发生突发环境事件或节能环保违法违规事件后,应按以下要求进行报告:

(一)发生突发环境事件,现场负责人应立即向本单位负责人报告,单位负责人接到报告后,应于1小时内向上一级单位负责人报告,并逐级报告至国资委,必要时可越级上报,每级时间间隔不得超过2小时。

(二)发生节能环保违法违规事件被处以罚款且单笔罚款金额在100万元及以上的,应在当年年度总结分析报告中向国资委报告。

(三)发生节能环保违法违规事件被责令停产整顿;责令停产、停业、关闭;暂扣、吊销许可证或行政拘留的,应在接到正式行政处罚决定书3日内向国资委报告。

(四)未受到行政处罚,但被中央生态环境保护督察或省部级及以上主管部门作为违法违规典型案例公开通报或发生其他重大事件的，应在接到报告后3日内向国资委报告。

（五）中央企业应将政府有关部门对突发环境事件和节能环保违法违规事件的有关调查情况及时报送国资委，并将整改、责任追究落实情况向国资委报告。

第六章　突发环境事件应急管理

第三十二条　中央企业应坚持预防为主、预防与应急相结合的原则开展突发环境事件应急管理工作。

第三十三条　中央企业应依法制定和完善突发环境事件应急预案，按要求报所在地生态环境主管部门备案，并定期开展应急演练。

第三十四条　中央企业应加强应急处置救援能力建设，定期进行突发环境事件应急知识和技能培训。

第三十五条　中央企业发生或者可能发生突发环境事件时，应立即启动相应级别突发环境事件应急预案。

第三十六条　中央企业在突发环境事件发生后，应开展环境应急监测，按要求执行停产、停排措施，积极配合事件调查，推动环境恢复工作。

第三十七条　中央企业应建立健全突发环境事件舆情应对工作机制。

第七章　考核与奖惩

第三十八条　国资委将中央企业节约能源与生态环境保护考核评价结果纳入中央企业负责人经营业绩考核体系。

第三十九条　国资委对中央企业节约能源与生态环境保护实行年度和任期、定量或定性考核。

第四十条　对发生突发环境事件、节能环保违法违规事件、统计数据严重不实和弄虚作假等情形的，年度考核予以扣分或降级处理。

第四十一条 中央企业应根据国家节约能源与生态环境保护有关政策、企业所处行业特点和节约能源与生态环境保护水平，对照同行业国际国内先进水平，提出科学合理的任期考核指标和目标建议值。

第四十二条 国资委对中央企业任期节约能源与生态环境保护考核指标和目标建议值进行审核，并在中央企业负责人任期经营考核责任书中明确。

第四十三条 中央企业应在考核期末对节约能源与生态环境保护考核完成情况进行总结分析，并报送国资委。国资委对考核完成情况进行考核评价。

第四十四条 对节约能源与生态环境保护取得突出成绩的，经国资委评定后对企业予以任期通报表扬。

第四十五条 中央企业应建立完善企业内部考核奖惩体系，结合国资委下达的节约能源与生态环境保护考核指标和目标，逐级分解落实相关责任；对发生造成严重不良影响的突发环境事件、节能环保违法违规事件，或存在能源消耗、污染物排放、二氧化碳排放数据弄虚作假行为的，按规定对年度考核实行扣分或降级处理；对成绩突出的单位和个人，可进行表彰奖励。

第四十六条 国资委依据本办法制定《中央企业节约能源与生态环境保护考核细则》，并根据需要进行修订。

第八章 附　　则

第四十七条 本办法所指突发环境事件，依据《国家突发环境事件应急预案》确定。

第四十八条 各地区国有资产监督管理机构可以参照本办法，结合本地区实际情况制定相关规定。

第四十九条　本办法由国资委负责解释。

第五十条　本办法自2022年8月1日起施行。《中央企业节能减排监督管理暂行办法》(国资委令第23号)同时废止。

数据出境安全评估办法

(2022年7月7日国家互联网信息办公室令第11号公布　自2022年9月1日起施行　国司备字[2022006743])

第一条　为了规范数据出境活动,保护个人信息权益,维护国家安全和社会公共利益,促进数据跨境安全、自由流动,根据《中华人民共和国网络安全法》、《中华人民共和国数据安全法》、《中华人民共和国个人信息保护法》等法律法规,制定本办法。

第二条　数据处理者向境外提供在中华人民共和国境内运营中收集和产生的重要数据和个人信息的安全评估,适用本办法。法律、行政法规另有规定的,依照其规定。

第三条　数据出境安全评估坚持事前评估和持续监督相结合、风险自评估与安全评估相结合,防范数据出境安全风险,保障数据依法有序自由流动。

第四条　数据处理者向境外提供数据,有下列情形之一的,应当通过所在地省级网信部门向国家网信部门申报数据出境安全评估:

(一)数据处理者向境外提供重要数据;

(二)关键信息基础设施运营者和处理100万人以上个人信息的数据处理者向境外提供个人信息;

(三)自上年1月1日起累计向境外提供10万人个人信息或者1万人敏感个人信息的数据处理者向境外提供个人信息;

(四)国家网信部门规定的其他需要申报数据出境安全评估的情形。

第五条 数据处理者在申报数据出境安全评估前,应当开展数据出境风险自评估,重点评估以下事项:

(一)数据出境和境外接收方处理数据的目的、范围、方式等的合法性、正当性、必要性;

(二)出境数据的规模、范围、种类、敏感程度,数据出境可能对国家安全、公共利益、个人或者组织合法权益带来的风险;

(三)境外接收方承诺承担的责任义务,以及履行责任义务的管理和技术措施、能力等能否保障出境数据的安全;

(四)数据出境中和出境后遭到篡改、破坏、泄露、丢失、转移或者被非法获取、非法利用等的风险,个人信息权益维护的渠道是否通畅等;

(五)与境外接收方拟订立的数据出境相关合同或者其他具有法律效力的文件等(以下统称法律文件)是否充分约定了数据安全保护责任义务;

(六)其他可能影响数据出境安全的事项。

第六条 申报数据出境安全评估,应当提交以下材料:

(一)申报书;

(二)数据出境风险自评估报告;

(三)数据处理者与境外接收方拟订立的法律文件;

(四)安全评估工作需要的其他材料。

第七条 省级网信部门应当自收到申报材料之日起5个工作日内完成完备性查验。申报材料齐全的,将申报材料报送国家网信部门;申报材料不齐全的,应当退回数据处理者并一次性告知需要补充的材料。

国家网信部门应当自收到申报材料之日起7个工作日内,确定是否受理并书面通知数据处理者。

第八条 数据出境安全评估重点评估数据出境活动可能对国家安全、公共利益、个人或者组织合法权益带来的风险,主要包括以下事项:

（一）数据出境的目的、范围、方式等的合法性、正当性、必要性；

（二）境外接收方所在国家或者地区的数据安全保护政策法规和网络安全环境对出境数据安全的影响；境外接收方的数据保护水平是否达到中华人民共和国法律、行政法规的规定和强制性国家标准的要求；

（三）出境数据的规模、范围、种类、敏感程度，出境中和出境后遭到篡改、破坏、泄露、丢失、转移或者被非法获取、非法利用等的风险；

（四）数据安全和个人信息权益是否能够得到充分有效保障；

（五）数据处理者与境外接收方拟订立的法律文件中是否充分约定了数据安全保护责任义务；

（六）遵守中国法律、行政法规、部门规章情况；

（七）国家网信部门认为需要评估的其他事项。

第九条 数据处理者应当在与境外接收方订立的法律文件中明确约定数据安全保护责任义务，至少包括以下内容：

（一）数据出境的目的、方式和数据范围，境外接收方处理数据的用途、方式等；

（二）数据在境外保存地点、期限，以及达到保存期限、完成约定目的或者法律文件终止后出境数据的处理措施；

（三）对于境外接收方将出境数据再转移给其他组织、个人的约束性要求；

（四）境外接收方在实际控制权或者经营范围发生实质性变化，或者所在国家、地区数据安全保护政策法规和网络安全环境发生变化以及发生其他不可抗力情形导致难以保障数据安全时，应当采取的安全措施；

（五）违反法律文件约定的数据安全保护义务的补救措施、违约责任和争议解决方式；

（六）出境数据遭到篡改、破坏、泄露、丢失、转移或者被非法获取、非法利用等风险时,妥善开展应急处置的要求和保障个人维护其个人信息权益的途径和方式。

第十条 国家网信部门受理申报后,根据申报情况组织国务院有关部门、省级网信部门、专门机构等进行安全评估。

第十一条 安全评估过程中,发现数据处理者提交的申报材料不符合要求的,国家网信部门可以要求其补充或者更正。数据处理者无正当理由不补充或者更正的,国家网信部门可以终止安全评估。

数据处理者对所提交材料的真实性负责,故意提交虚假材料的,按照评估不通过处理,并依法追究相应法律责任。

第十二条 国家网信部门应当自向数据处理者发出书面受理通知书之日起 45 个工作日内完成数据出境安全评估;情况复杂或者需要补充、更正材料的,可以适当延长并告知数据处理者预计延长的时间。

评估结果应当书面通知数据处理者。

第十三条 数据处理者对评估结果有异议的,可以在收到评估结果 15 个工作日内向国家网信部门申请复评,复评结果为最终结论。

第十四条 通过数据出境安全评估的结果有效期为 2 年,自评估结果出具之日起计算。在有效期内出现以下情形之一的,数据处理者应当重新申报评估:

(一)向境外提供数据的目的、方式、范围、种类和境外接收方处理数据的用途、方式发生变化影响出境数据安全的,或者延长个人信息和重要数据境外保存期限的;

(二)境外接收方所在国家或者地区数据安全保护政策法规和网络安全环境发生变化以及发生其他不可抗力情形、数据处理者或者境外接收方实际控制权发生变化、数据处理者与境外接收方法律文件变更等影响出境数据安全的;

(三)出现影响出境数据安全的其他情形。

有效期届满,需要继续开展数据出境活动的,数据处理者应当在有效期届满60个工作日前重新申报评估。

第十五条 参与安全评估工作的相关机构和人员对在履行职责中知悉的国家秘密、个人隐私、个人信息、商业秘密、保密商务信息等数据应当依法予以保密，不得泄露或者非法向他人提供、非法使用。

第十六条 任何组织和个人发现数据处理者违反本办法向境外提供数据的，可以向省级以上网信部门举报。

第十七条 国家网信部门发现已经通过评估的数据出境活动在实际处理过程中不再符合数据出境安全管理要求的，应当书面通知数据处理者终止数据出境活动。数据处理者需要继续开展数据出境活动的，应当按照要求整改，整改完成后重新申报评估。

第十八条 违反本办法规定的，依据《中华人民共和国网络安全法》、《中华人民共和国数据安全法》、《中华人民共和国个人信息保护法》等法律法规处理；构成犯罪的，依法追究刑事责任。

第十九条 本办法所称重要数据，是指一旦遭到篡改、破坏、泄露或者非法获取、非法利用等，可能危害国家安全、经济运行、社会稳定、公共健康和安全等的数据。

第二十条 本办法自2022年9月1日起施行。本办法施行前已经开展的数据出境活动，不符合本办法规定的，应当自本办法施行之日起6个月内完成整改。

载人自由气球适航规定

（2022年7月8日交通运输部令2022年第21号公布
自2022年9月1日起施行 国司备字[2022006741]）

目 录

A 章　总　　则

第 31.1 条　适用范围

本规定规定了颁发和更改载人自由气球型号合格证的适航要求，适用于下列升力来源类型的有人驾驶的自由气球：

(a)加热空气(热气球)；

(b)比空气轻的气体(轻气球)；

(c)加热空气和比空气轻的不可燃气体的组合(混合气球)。

第31.3条　定义

本规定中下列用语的定义如下:

(a)轻气球,是指靠轻于空气的气体产生升力的气球。

(b)热气球,是指靠热空气产生升力的气球。

(c)混合气球,是指靠热空气和轻于空气的不可燃气体的组合产生升力的气球。

(d)球囊,是指用于包容升力介质的包壳。

(e)吊篮,是指悬挂在球囊下面用于载人的容器。

(f)吊架,是指悬挂在球囊下面用于载人的索带,或者带有横梁或平板的座椅。

(g)悬挂系统,是指将吊篮、吊架或者其他载人器具悬挂在球囊下面的连接件。

(h)加热器系统,是指用来加热空气为气球提供升力的系统,包括热源(如燃烧器)、控制装置、燃料管路、燃料罐、调节器、控制阀和其他相关元件。

(i)可抛放压舱物,是指航径管理所需的、可在飞行中抛放的配重。

(j)局方,是指中国民用航空局(以下简称民航局)、中国民用航空地区管理局(以下简称民航地区管理局)。

B章　飞　　行

第31.12条　符合性验证

(a)申请人对于申请合格审定的气球的配载状态范围内的每一重量,应当通过如下方法表明其满足本章的要求:

(1)在申请合格审定的该型气球上进行试验,或者根据试验结果进行与试验同等准确的计算;

(2)如果不能从所检查的重量合理地推断出符合性,则应当对每个重量进行系统的检查。

(b)除本规定第 31.17 条(b)款规定外,飞行试验中所允许的重量允差为+5%和-10%。

第 31.14 条　重量限制

申请人应当制定气球可以安全运行的重量范围,包括:

(a)最大重量。最大重量是用来表明符合本规定每项适用要求的最重的重量。最大重量应当被确定并且不超过下述任一重量:

(1)申请人选择的最重的重量;

(2)设计最大重量,即用来表明符合本规定每项适用结构载荷条件的最重的重量;

(3)用来表明符合本规定每项适用飞行要求的最重的重量。

(b)最小重量。最小重量是用来表明符合本规定每项适用飞行要求的最轻的重量。

第 31.16 条　空重

气球空重应当通过称重来确定。称重时,气球应当带有安装的设备,但无升力气体和加热器燃料。

第 31.17 条　性能:爬升

(a)每个气球应当能在起飞(离地)后的第一分钟内以稳定爬升率爬升到至少 91.4 米(300 英尺)。申请人应当在申请批准的每一高度和环境温度下表明对本条要求的符合性。

(b)申请人应当在最大重量条件下表明对本条(a)款要求的符合性,所允许的重量允差为+5%。

第 31.19 条　性能:失控下降

(a)申请人应当为最不利的失控下降确定以下数据,该失控下降起因可能是加热器系统、轻气体阀门系统或者机动放气系统中的任何单个失效或者止裂带之间球囊的任何单个撕裂:

(1)所达到的最大垂直速度;

(2)从失效发生点至达到最大垂直速度的点之间的高度损失;

(3)在气球以本条(a)款(1)项所确定的最大垂直速度下降的情况下,从启动纠正措施到实现水平飞行所需的高度。

(b)申请人应当制定以本条(a)款(1)项所确定的最大垂直速度着陆的程序及按本条(a)款(3)项停止下降的程序。

第31.20条　操纵性

申请人应当表明气球在起飞、爬升、下降及着陆期间,可以安全地操纵和机动而无需特殊的驾驶技巧。申请人应当制定相关的使用限制并包含在飞行手册中。

C章　结　　构

第31.21条　载荷

强度要求用限制载荷和极限载荷来规定。限制载荷为服役中预期的最大载荷。极限载荷为限制载荷乘以规定的安全系数。除非另有规定,所规定的载荷均为限制载荷。

第31.23条　载荷系数

(a)飞行载荷系数。除本条(b)款规定外,确定限制载荷时,限制飞行载荷系数应当至少为1.4。

(b)着陆载荷系数。对于属于气球悬挂系统的所有零部件,包括球囊与悬挂系统的连接点,确定限制载荷时应当使用至少为3.0的限制着陆载荷系数。

第31.25条　安全系数

(a)除本条(b)款和(c)款规定外,安全系数为1.5。

(b)球囊设计应当使用至少为5的安全系数。如果能表明所选择的系数将能防止由于缺少止裂带而发生渐进或者瞬时撕裂造成的失效,则安全系数可以减小,但不得小于2。所选用的系数,应当应用于最大工作压力或者球囊应力(取较临界者)。

(c)设计气球悬挂系统的所有纤维质或者非金属零部件时,应当使用至少为5的安全系数。悬挂系统中主要连接件的设计,应当使得失效极少发生或者任何单个失效将不危及飞行安全。

(d)在应用安全系数时,应当考虑可能影响气球强度的温度和其他运行特性或者两者同时作用的影响。

(e)除非另有规定,设计中,应当假设每一乘员的重量至少为77 千克(170 磅)。

第 31.27 条　强度

(a)结构应当能够承受限制载荷,而无永久变形或者其他有害影响。

(b)应当用试验证明,结构能承受极限载荷至少 3 秒钟而不失效。对于球囊,允许使用具有代表性的部件进行试验,前提是该试验件足够大,包含了关键接缝、接头及承载连接点及构件。

(c)对于球囊,强度证明还应当考虑球囊损坏后的撕裂增长,以防止撕裂扩展到危险尺寸。

(d)吊篮、吊架和其他载人器具应当具有坚固的设计,在重着陆或者快速着陆时为乘员提供足够的保护。应当进行吊篮、吊架或者其他载人器具的极限自由落体落震试验。试验应当在水平表面上以设计最大重量进行,用吊篮、吊架或者其他载人器具分别以0°、15°、30°角度撞击表面。重量分布可模拟实际情况。不得出现可能导致乘员严重受伤的变形或者失效。应当用下列高度中的较大者进行落震实验:

(1) 0.91 米(36 英寸)高度;

(2)使得撞击时的速度等于按照本规定第 31.19 条确定的最大垂直速度所对应的高度。

(e)部件(特别是燃烧器框架/负载框架)的设计和强度还应当考虑地面操作和运输过程中所经历的重复载荷和其他载荷的影响。

(f)应当考虑温度和可能影响气球强度的其他运行特性的影响。

(g)对松动可能导致不安全状态的每一物件应当进行约束。

约束装置和结构之间的承载接头应当设计成能承受 1.33 倍的以下极限载荷：

(1)水平:6g;

(2)向下:6g;

(3)向上:2g。

第 31.30 条　约束索带

(a)当安装了约束乘员的索带时,该索带承受乘员质量在以下加速度(见图 1)下产生的载荷时不得失效：

(1)垂直向上 2g;

(2)水平各个方向 3g。

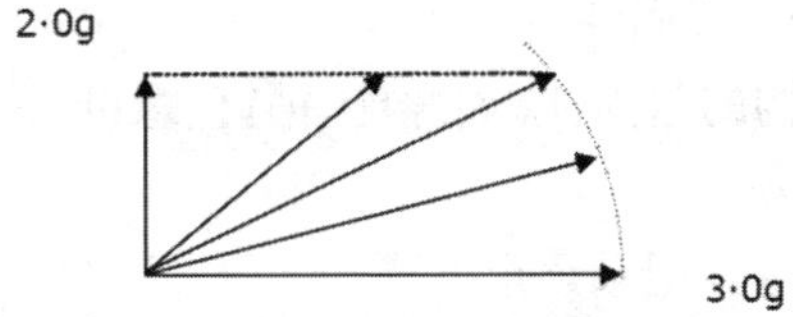

图 1　约束索带载荷

在本款中,应当假设乘员质量至少为 86 千克(190 磅)。

(b)对于约束乘员的安全带或者索带与吊篮主结构之间的承载接头,应当表明能够承受本条(a)款中规定的载荷乘以 1.33 接头系数。

D 章　设计构造

第 31.31 条　一般规定

影响安全的每个设计细节或者零部件的适用性应当通过试验或者分析确定。

第 31.33 条　材料

(a)其失效可能对安全有不利影响的零部件所用材料的适用性和耐久性都应当建立在经验或者试验的基础上。材料应当符合经批准的规范,以保证这些材料具有设计资料中采用的强度和其他性能。

(b)材料的强度特性应当以符合规范的材料的足够试验为依据,以便在统计的基础上确定设计值。

(c)对于热气球和混合气球,应当表明,如果在气球充气或者飞行时被加热器点燃,球囊材料不会支持持续燃烧。

第 31.35 条　制造方法

采用的制造方法应当能生产出一个始终完好的结构。如果某种制造工艺需要严格控制才能达到此目的,则该工艺应当按照经批准的工艺规范执行。

第 31.37 条　紧固件

(a)用于结构的紧固件(如螺栓、销钉、螺钉、钩环)应当符合经批准的规范。

(b)应当制定并记录锁定方法。

(c)除非接头没有相对运动,否则应当使用辅助锁定装置。

(d)使用过程中经受转动的任何螺栓都不得采用自锁螺母,除非在自锁装置外还采用非摩擦锁定装置。

第 31.39 条　零部件保护

其失效可能对安全有不利影响的零部件,应当适当地加以保护,防止因风化、腐蚀、热、磨损、地面操作、地面运输、飞行条件或者其他原因而导致其在使用中强度降低或者丧失。

第 31.41 条　检查措施

申请人应当制定检查措施,确保可以对每个要求重复检查和调整的零部件进行接近检查。

第 31.43 条　接头系数

(a)如果其强度不是通过模拟接头和周围结构实际应力状态的限制载荷和极限载荷试验进行证实,则在分析该接头强度时应当使用至少为 1.15 的接头系数。该系数适用于接头本体、连接方式和连接结构支承部位的所有零部件。

(b)对于带整体接头的零部件,从接头直到截面性质成为其典型构件截面为止的部分都应当作为接头处理。

(c)如果接头是按照批准的方法并基于全面的试验数据设计,则无需使用接头系数。

第31.44条　球囊的防撕裂保护

球囊的设计应当确保当其承受限制载荷时,局部损伤不会增长到导致失控飞行或者着陆的程度。

第31.45条　燃料罐

(a)应当通过试验或者分析或者两者并用,证明燃料罐有足够的强度裕度来承受包括地面操作和地面运输在内的运行中可能遇到的内部和外部压力、温度和载荷的所有情况。

(b)应当证明燃料罐材料与燃料的相容性。应当评估燃料罐的抗疲劳、抗老化、耐火和抗腐蚀能力,并确定任何必要的限制、保护或者维修措施。

(c)应当通过试验表明燃料罐及其附件和相关支承结构能够承受该安装在运行中可能经受的任何惯性载荷,而不会产生有害的变形或者失效。

(d)增压燃料罐应当配备:

(1)关断阀。该阀门应当配备自密封接头或者其他装置来避免在没有连接燃料管的情况下,意外操作该阀门控制开关导致释放出危险量的燃料;

(2)用来保护燃料罐免受过高压力的泄压阀;

(3)用来控制最大加注的装置;

(4)用来指示燃料量的装置;

(5)包含安全运行所需信息的标牌。

(e)所有燃料罐应当安装防护装置,以防止阀门和其他配件在下列情况下发生燃料泄漏:

(1)意外操作;

(2)在正常运行、地面操作或者运输过程中发生损坏时。

(f)为避免重着陆或者快速着陆时可能发生过载或者断裂,刚性加长件不得直接安装在燃料罐阀门或者配件上。

第31.46条 增压燃料系统

(a)对于增压燃料系统,每个元件和它的连接接头和导管应当试验到极限压力,该压力至少为正常运行时系统所承受最大压力的两倍。试验期间,系统任何零部件都不得失效或者故障。试验构型应当能代表正常的燃料系统安装和气球构型。

(b)增压燃料系统的所有零部件通常都应当坚固,能够承受在使用中可能发生的冲击和过载以及相关变形。

(c)如适用,增压燃料系统的零部件应当永久性标记,以防止安装错误。

(d)燃料系统的任何部分都不得有在任何可能的冲击情况下可能断裂的、未受保护的刚性加长件。

(e)如果燃料系统包括可拆卸的燃料管路,则应当在每条管路的每个出口上安装一个自密封接头或者其他装置,以避免在未连接燃料管路出口的情况下意外操作燃料罐阀门而释放危险量的燃料。

第31.47条 加热器系统

(a)如果使用加热器作为提供升力的装置,则该系统的设计和安装不得有造成火灾的危害。

(b)应当有防护罩来保护乘员和靠近燃烧器火焰的零部件免受热影响。

(c)应当有加热器系统安全控制和使用所必需的控制器件、仪表或者其他设备,并且表明它们在正常和应急运行时能够执行其预期功能。

(1)如果加热器系统有多个燃料供应或者每个燃料供应上有多个控制器件,则应当有明确的方法来区分每个控制器件及其供应来源和功能。

(2)加热器系统应当具有指示可用燃料量的装置或者其他手段。

(3)对于燃烧器,每个控制系统应当有用来指示热输出是高、正常还是低的装置。

(d)加热器系统(包括燃烧器本体、控制器件、燃料管路、燃料罐、调节器、控制阀和其他相关元件)应当通过至少40小时的耐久性试验进行验证。验证应当模拟真实状态下的气球安装和使用,确保该系统的每个元件都被安装和试验。

(1)燃烧器的主火焰阀门操作的试验大纲应当包括:

(i)在申请批准的最大燃料压力下工作5小时,每分钟循环内有3至10秒的燃烧时间。该燃烧时间的确定应当使得每个燃烧器上受温度影响的元件遭受最大的热冲击;

(ii)在中等燃料压力下工作7.5小时,每分钟循环内有3至10秒的燃烧时间。中等燃料压力为本条(d)款(1)项(i)目中最大燃料压力和本条(d)款(1)项(iii)目中最小燃料压力之间范围的40%到60%;

(iii)在申请批准的最小燃料压力下工作6小时15分钟,每分钟循环内有3至10秒的燃烧时间;

(iv)在使用燃料蒸汽燃烧的情况下工作15分钟,每分钟循环内至少30秒的燃烧时间;

(v) 15小时的正常飞行操作。

(2)燃烧器的辅助或者备用火焰阀门操作的试验大纲应当包括在中等燃料压力下工作6小时,每5分钟循环内有1分钟的燃烧时间。

(3)试验还应当包括至少3次熄火和再起动。

(4)试验结束时,系统的每个元件应当是可用的。

(e)对于燃烧器,应当表明点火火种(或者其他点火装置)在典型的阵风和雨中能够可靠地工作,应当易于接近进行重新点燃并且应当易于重新点燃。当持续的点火火种失效时,燃烧器应当能够继续工作。

(f)除单个乘员的气球外,加热器系统的设计应当确保在发生任何单个故障时，它将保持足够的热输出以维持水平飞行。

第 31.49 条 操纵系统

（a）每一操纵器件的操作应当能够简便、平稳和准确地完成其功能。操纵器件的布局和标识应当方便操作，防止混淆和随之发生误动的可能性。

（b）每个操纵系统和操作装置应当设计和安装成能够防止卡阻、摩擦、以及因乘员、货物或者松动物品引起的干扰。应当采取预防措施防止外来物卡阻操纵器件。操纵系统元件应当具有某种设计特征或者做出明显的永久性标记，使可能导致操纵系统故障的不正确装配的可能性减至最小。

（c）为防止球囊爆裂，每个以充装轻气体提供升力的轻气球或者混合气球应当配备一个阀门或者装置，当气球达到其最大工作压力时，可通过该阀门或者装置自动放气，放气速率至少为每分钟总容积的 3%。

（d）每个热气球和混合气球应当有一个装置，使得可在飞行期间可控地释放热空气，除非没有这个装置也符合本规定第 31.20 条的要求。

（e）为了保护球囊材料，每个热气球和混合气球应当有一个装置来指示使用期间球囊表面最高温度或者内部空气最高温度。该指示装置应当容易被驾驶员看到，并应有指示球囊材料安全限制温度的标记。如果标记在仪表玻璃罩上，应当采取措施使玻璃罩与刻度盘对准。

第 31.51 条 可抛放压舱物

轻气球和使用可抛放压舱物的混合气球应当有装置来安全存放和可控地释放可抛放压舱物。可抛放压舱物应当由在空中释放不会对地面人员造成危害的材料组成。

第 31.53 条 锚绳

如果使用锚绳，则应当将其在气球外的自由端硬化，以防止其与树木、电线或者地面上的其他物体缠绕。

第 31.55 条　放气装置

(a)应当有可使球囊放气的装置以保证安全的应急着陆,以及在着陆后快速放气。该装置的设计应当尽量减少意外操作的可能性。如果使用人工放气系统之外的系统,则应当证明所用系统的可靠性。

(b)如果轻气球或者混合气球装有横向快速放气装置,应当安装一个装置,用来在着陆期间调整气球,以便将该快速放气装置转到指定位置。

第 31.57 条　操纵拉索

(a)一般规定。

(1)用于飞行操纵的所有操纵拉索的设计和安装,应当防止缠绕和意外操作。

(2)操纵拉索的功能应当向驾驶员标明,并根据适用性按照本条(b)款、(c)款和(d)款进行标识。

(3)操纵所需的力最大不得超过 340 牛。

(4)用于飞行操纵的所有操纵拉索应当足够长,以允许球囊垂直方向上的尺寸增加至少 10%,但也不得过长而影响操纵。

(b)保险装置。

如果使用了保险装置来防止意外操作不可逆操纵,此保险装置被驾驶员操作的部分应当用黄色和黑色带标识。

(c)转向通气拉索。

如果使用转向通气拉索来调整气球着陆方向,驾驶员操纵用来向左转的拉索部分应当用黑色标识,用来向右转的拉索相应部分应当用绿色标识。

(d)放气拉索。

(1)如果使用放气拉索来控制升力气体的释放,并且放气孔可以在飞行中重新密封,则放气拉索被驾驶员操纵的部分应当用红色和白色带标识。

(2)如果需要另一根拉索来重新密封任何放气孔,该拉索被驾驶员操纵的部分应当用白色标识。

(e)快速或者紧急放气拉索。

(1)如果使用绳索来对球囊快速或者紧急放气,并且该装置在空中无法重新密封的,该绳索被驾驶员操纵的部分应当用红色标识。

(2)除本条(a)款(2)项的力值要求外,操作快速或者紧急放气拉索所需的力还不得小于 110 牛。

第 31.59 条　吊篮、吊架或者其他载人器具

(a)吊篮、吊架或者其他载人器具不得有相对于球囊的旋转,除非该旋转由驾驶员控制并且操纵绳不会缠绕。

(b)吊篮、吊架或者其他载人器具上可能对乘员造成伤害的每个凸出物体都应当垫上保护垫。

(c)在重着陆或者快速着陆时,吊篮内的乘员应当能够得到保护,以防从吊篮掉落下来或者被严重伤害。

(d)当运载超过 6 名乘员时,吊篮应当分为多个隔舱,每个隔舱不超过 6 名乘员。

(e)如果吊篮的尺寸和分隔使得一个以上的乘员在着陆时可能落在另一乘员的上部,则应当采取措施将这种可能性减至最低。

(f)应当为所有乘员提供合理的空间,既考虑飞行期间的舒适度,也考虑着陆期间的安全性。

(g)驾驶员的空间应当确保其在所有飞行阶段都可以无障碍地操作。

(h)每个乘员应当有扶手。

(i)应当提供可使水汽或者液体从吊篮底部排出的设施。

(j)悬挂系统的承载零部件(如绳索或者缆绳)的布置方式应当排除其在正常使用中受损的可能性。

(k)吊篮的地板不得伸出其侧壁之外。

(l)飞行手册中应当包含吊篮、吊架或者其他载人器具的使用和构型限制。

第 31.61 条　静电放电

除非表明对安全是不必要的,否则在设计以可燃气体为升力介质的气球时,应当有适当的搭接手段,以确保静电放电不会产生危害影响。

第 31.63 条　乘员约束装置

(a)除装有吊篮的气球之外的所有气球,应当为每个乘员提供安全带、索带或者其他约束装置,除非局方确定其不必要。如果被安装,该安全带、索带或者其他约束装置及其支撑结构应当满足本规定 C 章的强度要求。

(b)对于有单独驾驶舱的吊篮,应当为驾驶员提供适当的约束装置,该约束装置应当满足本规定 C 章的强度要求。此外,该约束装置的设计还应当确保:

(1)驾驶员正确使用并调整该约束装置后,能够操作所有必要的操纵器件;

(2)有简单明了的快速脱扣方法;

(3)将意外脱扣的可能性降至最低。

第 31.65 条　航行灯

(a)如果安装航行灯,应当有一个稳定的航空白色航行灯和一个闪光的航空红色(或者闪光的航空白色)航行灯,有效闪光频率至少为 40 次/分,但不超过 100 次/分。

(b)每个航行灯应当按本条规定的光强提供 360°的水平覆盖。以下光强应当在光源处于稳定工作状态、所有灯罩和滤色镜都已安装并且在制造人的额定最小电压下确定。对于闪光的航空红色灯,应当将测量值调整到对应至少 130℉的红色滤光镜温度:

(1)通过光源的水平面上的光强应当等于或者超过下列值:

航行灯	最小光强(坎德拉)
稳定白色	20
闪光红色或者白色	40

(2)在垂直平面上的光强应当等于或者超过下列值。一个单位的光强对应于本条(b)款(1)项所规定的相关水平面的光强：

在垂直平面内与水平面的夹角(度)	最小光强(单位)
0°	1.00
0°～5°	0.90
5°～10°	0.80
10°～15°	0.70
15°～20°	0.50
20°～30°	0.30
30°～40°	0.10
40°～60°	0.05

(c)稳定的白色灯应当安装在吊篮、吊架或者其他载人器具以下不超过6.1米(20英尺)处。闪光的红色或者白色灯应当安装在稳定白色灯以下不小于2.1米(7英尺),且不大于3.0米(10英尺)处。

(d)应当有收上和存放灯具的装置。

(e)每个航行灯的颜色应当具有适用的国际照明委员会色度坐标,如下：

(1)航空红色

“y”不大于0.335;并且

“z”不大于0.002。

(2)航空白色

“x”不小于0.300且不大于0.540;

“y”不小于“x-0.040”或者“y_0-0.010”,取小者;

“y”不大于“x+0.020”,也不大于“0.636-0.400x”。

其中,“y_0”为普朗克辐射器相对于“x”值的“y”坐标值。

E章　设　　备

第31.71条　功能与安装

(a)安装的每项设备应当符合以下要求:

(1)种类和设计与预定功能相适应;

(2)作永久和明显的标记,标明其名称、功能、使用限制或者这些要素的任何组合,如果零件太小而难以作标记,则用标签标明;

(3)按对该设备规定的限制进行安装;

(4)安装后功能正常。

(b)所安装的每项设备,不得影响任何其他设备的功能而导致产生不安全状况。

(c)设备、系统和安装应当设计成在发生可能的故障或者失效情况时防止对气球的危害。

F章　使用限制与资料

第31.81条　一般规定

(a)应当以飞行手册的形式为每一气球提供使用说明。

(b)飞行手册应当包括以下内容:

(1)气球及其技术设备的说明和示意图;

(2)使用限制、正常程序(包括索具安装,充气和放气)、应急程序和针对该气球操作特性并且安全运行必需的其他相关信息,手册的这部分需要得到批准;

(3)允许使用的升力气体的规范(仅限于轻气球和混合气球);

(4)有关地面操作、运输、储存的信息。

(c)应当向驾驶员提供使用限制、正常和应急程序、以及针对该气球操作特性的、并且安全运行必需的其他相关信息。

第31.82条　持续适航文件

申请人应当根据本规定附录A编制局方可接受的持续适航文

件。如果有计划保证在交付第一个气球之前或者在颁发标准适航证之前完成这些文件,则这些文件在型号合格审定时可以是不完备的。

第31.83条　醒目性

球囊的外表面应当有一种或者多种颜色的对比色,使其在运行期间明显可见。也可以用多色的彩旗或者飘带,只要能表明其足够大且有足够的色彩反差使得气球在飞行中明显可见。

第31.85条　要求的基本设备

除适航规章对特定运行类型要求的设备外,还要求如下设备:

(a)对所有气球:

(1)一个高度表;

(2)一个升降速度表。

(b)对热气球和混合气球:

(1)一个燃料量表,如果使用燃料罐则应当具有在飞行中向机组指示每个燃料罐中燃料量的装置,该装置应当以适当单位的刻度指示或者以燃料罐容积的百分比指示;

(2)一个球囊温度指示器,可以为连续读数型或者发出警告信号型;

(3)一个备用点火源;

(4)一个灭火器。

(c)对于轻气球和混合气球配置最小可抛放压舱物(如适用)。

(d)对轻气球:一个罗盘。

G章　附　　则

第31.91条　施行

本规定自2022年9月1日起施行。原中国民用航空总局于2007年3月15日公布的《载人自由气球适航规定》(民航总局令第181号)同时废止。

附录 A

持续适航文件

第 A31.1 条　一般规定

(a)本附录规定了本规定第 31.82 条所要求的持续适航文件的编制要求。

(b)气球的持续适航文件应当包括:涉及民航管理的规章所要求的气球及其零部件的持续适航文件,以及所需的用来说明这些零部件与气球相互连接关系的资料。如果零部件制造人未提供相关零部件的持续适航文件,则气球的持续适航文件应当包含这部分对气球的持续适航性所必需的信息。

(c)申请人应当向局方提交一份文件,对如何分发申请人或者零部件制造人制定的持续适航文件更改资料,进行说明。

第 A31.2 条　格式

(a)申请人应当根据所提供资料的数量,将持续适航文件编成一本或者多本手册。

(b)手册的编排格式应当实用。

第 A31.3 条　内容

持续适航文件的内容应当用中文编写,并含有下列信息:

(a)说明性资料,包括对气球特性和数据的说明,达到能够满足维修或者预防性维修所需的程度。

(b)气球及其系统和安装的说明。

(c)气球及其部件和系统的基本操作和使用资料。

(d)勤务资料,包括有关在运行期间气球各部件(包括:燃烧器喷口、燃料罐及阀门)勤务工作的详细资料。

(e)包括气球每一部分及其球囊、操纵装置、索具、吊篮结构、燃料系统、仪表和加热器系统的维修资料,提供建议的清洁、调整、测试和润滑的周期、适用的磨损容差以及在这些周期内建议的工作程度。但是,如果申请人表明某项附件、仪表或者设备非常复杂,需要专业化的维修技术、测试设备或者专业技术来处理,则申请人可以注明向该件的制造人索取上述资料。还应当包含建议的翻修周期和与手册适航限制章节之间必要的交叉索引。此外,申请人应当提交一份包含气球持续适航所需的检查频度和程度的检查大纲。

(f)说明可能发生的故障,如何判别这些故障以及对这些故障采取补救措施的排故资料。

(g)关于重着陆后检查项目和如何检查的详细资料。

(h)包括储存限制在内的储存准备资料。

(i)球囊及吊篮或者吊架的修理资料。

第 A31.4 条　适航限制章节

持续适航文件应当包含标题为“适航限制”的章节,该章节应当单独编排并与文件的其他部分明显地区分开来。该章节应当规定型号合格审定所要求的强制性更换时间、结构检查时间间隔和包括球囊结构完整性在内的相关结构检查程序。

如果持续适航文件由多本文件组成,则本条要求的适航限制章节内容应当列入主要手册中。申请人应当在该章节显著位置清晰声明:“本适航限制章节已经中国民用航空局批准,规定了涉及民航管理的规章有关维修和运行的条款所要求的维修内容。”

交通运输部关于修改《民用航空器国籍登记规定》的决定

（2022年7月12日交通运输部令2022年第22号公布
自2022年9月1日起施行　国司备字[2022006751]）

交通运输部决定对《民用航空器国籍登记规定》(民航总局令第76号公布,交通运输部令2022年第1号修改)作如下修改:

一、将第六条修改为:"民用航空器依法登记后,取得中华人民共和国国籍,受中华人民共和国法律管辖和保护。中华人民共和国作为该航空器登记国,承担《国际民用航空公约》规定的职责和义务。

"中华人民共和国根据《国际民用航空公约》与其他国家签署了关于登记国职责和义务转移的协定的,从其规定。

"航空器为国外设计型号并且是该型号航空器首次在中华人民共和国登记的,民航局应当把该航空器在我国登记情况书面通知设计国民用航空主管部门。"

二、将第二十一条修改为:"中华人民共和国民用航空器登记标志为阿拉伯数字、罗马体大写字母或者二者的组合。该组合不得与下列标志产生混淆:

"(一)Q简语电码中所用的以Q字为首的三字组合;

"(二)遇险求救信号SOS,或者XXX、PAN或TTT等其他紧急信号。"

三、将第二十四条第一款修改为:"民用航空器上国籍标志和登记标志的位置应当符合下列规定:

"(一)固定翼航空器——位于机翼和尾翼之间的机身两侧或垂直尾翼两侧(如系多垂直尾翼,则应在两外侧)和机翼的下表面。机翼下表面的国籍标志和登记标志应位于左机翼的下表面,除非它们延伸穿过机翼的整个下表面。

“（二）旋翼航空器——位于尾梁两侧或垂直尾翼两侧。

“（三）飞艇——位于飞艇艇身或安定面上。如标志在艇身上，则应沿纵向配置在艇身两侧及顶部对称线处；如标志在安定面上，则应位于右水平安定面上表面、左水平安定面下表面和垂直安定面下半部两侧。

“（四）载人气球——靠近球体表面水平最大圆周直径两端对称部位上。”

四、将第二十五条第一款修改为：“民用航空器上国籍标志和登记标志的字体和尺寸应当符合下列规定：

“（一）字母、数字、短横线（以下简称字）均由不加装饰的实线构成；

“（二）除短横线外，机翼及飞艇、气球上每个字的字高不小于50 厘米，机身、垂直尾翼、尾梁上每个字的字高不小于 30 厘米；

“（三）每个字的字宽和短横线的长度为字高的三分之二；

“（四）每个字的笔划的宽度为字高的六分之一；

“（五）每两个字的间隔不小于字宽的四分之一，不大于字宽的四分之三；

“（六）每个单独一组的国籍标志和登记标志的字高应相等。”

五、将第二十六条中的“向前缘”修改为“朝向前缘”，“相等”修改为“尽可能相等”。

本决定自 2022 年 9 月 1 日起施行。

《民用航空器国籍登记规定》根据本决定作相应修改，重新公布。

民用航空器国籍登记规定

（1998年6月10日中国民用航空总局公布　根据2022年1月4日交通运输部《关于修改〈民用航空器国籍登记规定〉的决定》第一次修订　根据2022年7月12日交通运输部《关于修改〈民用航空器国籍登记规定〉的决定》第二次修订）

第一章　总　　则

第一条　为加强对民用航空器国籍的管理，保障民用航空活动安全，维护民用航空活动秩序，根据《中华人民共和国民用航空器国籍登记条例》，制定本规定。

第二条　本规定所称航空器是指任何能够凭借空气的反作用力获得在大气中的支承力并由所载人员驾驶的飞行器械，包括固定翼航空器、旋翼航空器、载人气球、飞艇以及中国民用航空局（以下简称民航局）认定的其他飞行器械。

第三条　本规定所称民用航空器，是指除用于执行军事、海关、警察飞行任务外的航空器。

第四条　在中华人民共和国领域内飞行的民用航空器，应当具有规定的国籍标志和登记标志或临时登记标志，并携带国籍登记证书或临时登记证书。

第五条　下列民用航空器应当依照本规定进行国籍登记：

（一）中华人民共和国国家机构的民用航空器；

（二）依照中华人民共和国法律设立的企业法人的民用航空器；

（三）在中华人民共和国境内有住所或者主要营业所的中国公民的民用航空器；

（四）依照中华人民共和国法律设立的事业法人的民用航空器；

（五）民航局准予登记的其他民用航空器。

自境外租赁的民用航空器，承租人符合前款规定，该民用航空器的机组人员由承租人配备的，可以申请登记中华人民共和国国籍；但是，必须先予注销该民用航空器原国籍登记。

第六条 民用航空器依法登记后，取得中华人民共和国国籍，受中华人民共和国法律管辖和保护。中华人民共和国作为该航空器登记国，承担《国际民用航空公约》规定的职责和义务。

中华人民共和国根据《国际民用航空公约》与其他国家签署了关于登记国职责和义务转移的协定的，从其规定。

航空器为国外设计型号并且是该型号航空器首次在中华人民共和国登记的，民航局应当把该航空器在我国登记情况书面通知设计国民用航空主管部门。

第七条 民航局主管中华人民共和国民用航空器国籍登记，设立中华人民共和国民用航空器国籍登记簿，统一记载民用航空器的国籍登记事项。

第八条 民用航空器不得具有双重国籍。未注销外国国籍的民用航空器，不得在中华人民共和国申请国籍登记；未注销中华人民共和国国籍的民用航空器，不得在外国办理国籍登记。

第九条 民用航空器国籍登记不得作为民用航空器所有权的证据。

第二章　国籍登记

第十条 符合本规定第五条的民用航空器的所有人或者占有人（以下简称申请人）向民航局申请中华人民共和国民用航空器国籍登记，应当按照民航局规定的格式如实填写民用航空器国籍登记申请书，并提交下列文件：

（一）证明申请人合法身份的文件；

（二）作为取得民用航空器所有权证明的购买合同和交接文书，或者作为占有民用航空器证明的租赁合同和交接文书；

（三）未在外国登记国籍或者已注销外国国籍的证明；

（四）民航局要求提交的其他有关文件。

第十一条 民航局自收到民用航空器国籍登记申请之日起7个工作日内，对申请书及有关证明文件进行审查；经审查，符合本规定的，即在中华人民共和国民用航空器国籍登记簿上登记该民用航空器，并向申请人颁发中华人民共和国民用航空器国籍登记证书。民用航空器国籍登记证书的有效期自颁发之日起至变更登记或注销登记之日止。

第十二条 民航局在民用航空器国籍登记簿中载明下列事项：

（一）民用航空器国籍标志和登记标志；

（二）民用航空器制造人名称；

（三）民用航空器型号；

（四）民用航空器出厂序号；

（五）民用航空器所有人名称及其地址；

（六）民用航空器占有人名称及其地址；

（七）民用航空器登记日期；

（八）民用航空器国籍登记证书签发人姓名；

（九）变更登记日期；

（十）注销登记日期。

第十三条 民用航空器国籍登记证书应当放置于民用航空器内显著位置，以备查验。

第十四条 取得中华人民共和国国籍的民用航空器，遇有下列情形之一时，应当向民航局申请办理变更登记：

（一）民用航空器所有人或其地址变更；

（二）民用航空器占有人或其地址变更；

（三）民航局规定需要办理变更登记的其它情形。

申请人应当按照民航局规定的格式填写民用航空器变更登记申请书，并提交有关证明文件，交回原民用航空器国籍登记证书。民航局自收到民用航空器国籍登记变更申请之日起 7 个工作日内，对申请书及有关证明文件进行审查；经审查，符合本规定的，即在中华人民共和国民用航空器国籍登记簿上进行变更登记，并颁发变更后的民用航空器国籍登记证书。

第十五条 取得中华人民共和国国籍的民用航空器，遇有下列情形之一的，应当向民航局申请办理注销登记：

（一）民用航空器所有权依法转移境外并已办理出口适航证的；

（二）民用航空器退出使用或者报废的；

（三）民用航空器失事或者失踪并停止搜寻的；

（四）符合本规定第五条第二款规定的民用航空器租赁合同终止的；

（五）民航局规定需要办理注销登记的其他情形。

申请人应当按照民航局规定的格式填写民用航空器注销登记申请书，并提交有关证明文件，交回原民用航空器国籍登记证书，但本条前款第（三）项的情况除外。民航局自收到申请书之日起 7 个工作日内，对申请书及有关证明文件进行审查；经审查，符合本规定的，即注销该民用航空器的国籍登记。民用航空器注销国籍登记的，该航空器上的国籍标志和登记标志应当予以覆盖。

第十六条 民用航空器国籍登记证书遗失或污损的，应当按照本规定第十条向民航局申请补发或者更换民用航空器国籍登记证书，并提交有关说明材料。民航局自收到申请之日起 7 个工作日内，对申请书及有关材料进行审查；经审查，符合本规定的，即补发或者更换民用航空器国籍登记证书。

第十七条 民用航空器出口的，申请人可以向民航局申请向进口国出具该航空器未进行国籍登记或已注销国籍登记的证明。

第十八条 申请人办理民用航空器国籍登记、变更登记、注销登记和临时登记,应当按照民航局和国家物价主管部门的规定缴纳登记费。

第十九条 民用航空器国籍登记证书不得涂改、伪造或转让。

第三章 国籍标志和登记标志

第二十条 中华人民共和国民用航空器的国籍标志为罗马体大写字母B。

第二十一条 中华人民共和国民用航空器登记标志为阿拉伯数字、罗马体大写字母或者二者的组合。该组合不得与下列标志产生混淆:

(一)Q简语电码中所用的以Q字为首的三字组合;

(二)遇险求救信号SOS,或者XXX、PAN或TTT等其他紧急信号。

第二十二条 中华人民共和国民用航空器的国籍标志置于登记标志之前,国籍标志和登记标志之间加一短横线。

第二十三条 取得中华人民共和国国籍的民用航空器,应当将规定的国籍标志和登记标志用漆喷涂在该航空器上或者用其他能够保持同等耐久性的方法附着在该航空器上,并保持清晰可见。

第四章 民用航空器的标识

第二十四条 民用航空器上国籍标志和登记标志的位置应当符合下列规定:

(一)固定翼航空器——位于机翼和尾翼之间的机身两侧或垂直尾翼两侧(如系多垂直尾翼,则应在两外侧)和机翼的下表面。机翼下表面的国籍标志和登记标志应位于左机翼的下表面,除非它们延伸穿过机翼的整个下表面。

（二）旋翼航空器——位于尾梁两侧或垂直尾翼两侧。

（三）飞艇——位于飞艇艇身或安定面上。如标志在艇身上，则应沿纵向配置在艇身两侧及顶部对称线处；如标志在安定面上，则应位于右水平安定面上表面、左水平安定面下表面和垂直安定面下半部两侧。

（四）载人气球——靠近球体表面水平最大圆周直径两端对称部位上。

航空器构形特别，其国籍标志和登记标志的位置不符合本条前款规定的，应当位于易于识别该航空器的部位。

第二十五条 民用航空器上国籍标志和登记标志的字体和尺寸应当符合下列规定：

（一）字母、数字、短横线（以下简称字）均由不加装饰的实线构成；

（二）除短横线外，机翼及飞艇、气球上每个字的字高不小于50厘米，机身、垂直尾翼、尾梁上每个字的字高不小于30厘米；

（三）每个字的字宽和短横线的长度为字高的三分之二；

（四）每个字的笔划的宽度为字高的六分之一；

（五）每两个字的间隔不小于字宽的四分之一，不大于字宽的四分之三；

（六）每个单独一组的国籍标志和登记标志的字高应相等。

民用航空器上国籍标志和登记标志的字体或尺寸不符合本条前款规定的，应当经过民航局核准。

第二十六条 民用航空器两侧标志的位置应当对称，字体和尺寸应当相同。机翼或水平安定面上字母和数字的顶端应朝向前缘，其距前后缘的距离应尽可能相等。国籍标志和登记标志的颜色应与背底颜色成鲜明对照，并保持完整清晰。

第二十七条 任何单位或者个人不得在民用航空器上喷涂、粘贴易与国籍标志和登记标志相混淆的图案、标记或者符号。

在民用航空器上喷涂中华人民共和国国旗、民航局局徽、“中国民航”字样,应当符合民航局规定。

第二十八条 民用航空器所有人或者占有人的名称和标志,应当按下列规定在其每一航空器上标明:

(一)名称喷涂在航空器两侧,固定翼航空器还应当喷涂在右机翼下表面、左机翼上表面。

(二)标志喷涂在航空器的垂尾上;航空器没有垂尾的,喷涂在符合民航局规定的适当位置。

本条所称名称,是指民用航空器所有人或者占有人的法定名称或者简称。

第二十九条 民用航空器所有人或者占有人的标志不得与其他机构的标志相混淆。民用航空器所有人或者占有人应当将每一型号航空器外部喷涂方案的工程图(侧视、俯视、仰视图)及彩图或者彩照报民航局备案。

第三十条 取得中华人民共和国国籍的民用航空器,应当载有一块刻有国籍标志和登记标志的识别牌。该识别牌应当用耐火金属或者其他具有合适物理性质的耐火材料制成,并且应当固定在航空器内主舱门附近的显著位置。

第五章 临时登记

第三十一条 对未取得民用航空器国籍登记证书的民用航空器,申请人应当在进行下列飞行前30日内,按照民航局规定的格式如实填写申请书,并向民航局提交有关证明文件,办理临时登记:

(一)验证试验飞行、生产试验飞行;

(二)表演飞行;

(三)为交付或者出口的调机飞行;

(四)其他必要的飞行。

前款申请人是指民用航空器制造人、销售人或者民航局认可的其他申请人。

民航局准予临时登记的,应当确定临时登记标志,颁发临时登记证书。临时登记证书在其载明的期限内有效。

第三十二条 临时登记标志应当按照本规定第四章在航空器上标明。取得临时登记标志的民用航空器出口的,可以使用易于去除的材料将临时登记标志附着在民用航空器上,并应当完全覆盖外方要求预先喷涂的外国国籍标志和登记标志。

第三十三条 载有临时登记标志的民用航空器不得从事本规定第三十一条第一款以外的飞行活动。

第六章 法律责任

第三十四条 违反本规定第四条、第十九条、第三十三条,民用航空器没有或者未携带符合规定的民用航空器国籍登记证书或者临时登记证书的,民航局或者其授权的地区管理局可以禁止该民用航空器起飞。

有下列情形之一的,民航局或者其授权的地区管理局可以处以警告;利用该民用航空器从事经营活动,有违法所得的,可以处以违法所得3倍以下的罚款(最高不超过3万元),没有违法所得的,可以处以1万元以下的罚款;利用该民用航空器从事非经营活动的,可以处以1000元以下的罚款:

(一)违反本规定第十九条,伪造、涂改或者转让民用航空器国籍登记证书的;

(二)违反本规定第三十三条,载有临时登记标志的民用航空器从事本规定第三十一条第一款以外的飞行活动的。

第三十五条 有下列情形之一的,民航局或者其授权的地区管理局可以处以警告;利用该民用航空器从事经营活动,有违法所得的,可以处以违法所得3倍以下的罚款(最高不超过3万元),没有违法所得的,可以处以1万元以下的罚款;利用该民用航空器从事非经营活动的，可以处以1000元以下的罚款：

（一）违反本规定第二十四条、第二十五条、第二十六条，不按规定的位置、字体、尺寸在航空器上标明国籍标志和登记标志的；

（二）违反本规定第二十七条第二款，在民用航空器上喷涂中华人民共和国国旗、民航局局徽、“中国民航”字样，不符合民航局规定的；

（三）违反本规定第二十八条，不按规定在每一航空器上标明民用航空器所有人或者占有人的名称和标志的。

第七章 附 则

第三十六条 本规定自发布之日起施行。1990年12月2日中国民用航空局发布的《民用航空器国籍和登记的规定》同时废止。

中国气象局关于修改和废止部分部门规章的决定

（2022年8月15日中国气象局令第41号公布 自2022年10月1日起施行 国司备字[2022006845]）

中国气象局决定：

一、对《气象专用技术装备使用许可管理办法》（中国气象局令第28号，根据中国气象局令第35号修改）作出如下修改：

（一）删除第八条第二项的“产品质量自测报告”。

（二）将第二十六条修改为“违反本办法规定，使用未经许可或者被注销、撤销许可后生产的气象专用技术装备，并造成危害的，由县级以上气象主管机构按照《气象法》第三十六条的规定进行处罚。”

二、对《雷电防护装置检测资质管理办法》(中国气象局令第31号,根据中国气象局令第38号修改)作出如下修改:

(一)删去第十一条第四项。

(二)将第二十一条修改为:“取得雷电防护装置检测资质的单位,应当在资质证有效期满三个月前,向原认定机构提出延续申请。原认定机构根据年度报告、信用档案及资质申请条件,在有效期满前作出是否准予延续的决定。逾期未提出延续申请的,资质证到期自动失效。”

(三)将第二十八条修改为:“取得雷电防护装置检测资质的单位不再符合相应资质条件的,由原资质认定的气象主管机构责令限期整改,整改期限最长不超过3个月。资质单位整改期间不得申请雷电防护装置检测资质的升级,不能承揽新的检测业务。

甲级雷电防护装置检测资质单位逾期不整改或者整改后仍达不到甲级资质条件的,可以申请重新核定资质等级;未申请重新核定资质等级的,予以撤销资质。乙级雷电防护装置检测资质单位逾期不整改或者整改后仍达不到乙级资质条件的,予以撤销资质。”

三、废止《气象探测环境和设施保护办法》(中国气象局令第7号)。

本决定自2022年10月1日起施行。《气象专用技术装备使用许可管理办法》和《雷电防护装置检测资质管理办法》根据本决定作相应修改,重新公布。

气象专用技术装备使用许可管理办法

（2016年4月2日中国气象局令第28号公布　根据2020年3月24日《中国气象局关于修改〈气象信息服务管理办法〉等四部部门规章的决定》第一次修订　根据2022年8月15日《中国气象局关于修改和废止部分部门规章的决定》第二次修订）

第一章　总　　则

第一条　为了保证气象专用技术装备质量，满足气象业务和气象灾害防御的需要，规范气象专用技术装备使用许可行为，依据《中华人民共和国气象法》《中华人民共和国行政许可法》和《人工影响天气管理条例》的规定，制定本办法。

第二条　在中华人民共和国领域和中华人民共和国管辖的其他海域内，气象专用技术装备使用许可的实施和监督管理，应当遵守本办法。

本办法所称气象专用技术装备，是指专门用于气象探测、预报、服务以及人工影响天气、空间天气等气象业务的气象设备、仪器、仪表、消耗器材及相应软件系统。

第三条　国务院气象主管机构负责气象专用技术装备使用许可的实施和监督管理。

地方各级气象主管机构负责本行政区域内气象专用技术装备使用的监督管理。

第四条　实施气象专用技术装备使用许可，应当遵循公开、公平、公正原则。

第五条　在气象业务、工程设计建设中，应当使用具备有效许可证的气象专用技术装备。

第六条　国务院气象主管机构应当定期公告气象专用技术装备目录和取得或者注销、撤销许可的名录。

第二章　申请与受理

第七条　气象专用技术装备使用许可应当由生产者提出申请，并具备下列条件：

（一）具有法人资格；

（二）通过质量管理体系认证；

（三）产品满足国家标准、气象行业标准或者国务院气象主管机构规定的技术要求；

（四）具备与所生产产品相适应的生产、检测、销售、服务等体系；

（五）符合国家其他有关规定。

申请人工影响天气作业用火箭发射装置、炮弹、火箭弹三类设备使用许可证的，应当符合国家武器装备、民用爆炸物品的相关规定和国家有关强制性技术标准。

第八条　申请人应当向国务院气象主管机构提供下列申请材料：

（一）气象专用技术装备使用许可证申请表；

（二）产品技术文件，应包括下列材料：产品技术指标和配置一览表、企业标准、成套技术图纸、工艺文件、标准化审查报告、经济分析报告、使用说明书；

（三）第七条第三项到第五项的相关材料。

申请人应当对所提交的申请材料的真实性负责。

第九条　国务院气象主管机构应当在收到全部申请材料之日起五个工作日内，按照《中华人民共和国行政许可法》第三十二条和本办法规定的条件作出受理或者不予受理的书面决定。对不予受理的，应当书面说明理由。

第三章 审查与许可

第十条 国务院气象主管机构受理申请后，对申请材料进行审查并根据需要指派两名以上工作人员对申请材料的实质内容进行实地核查。

第十一条 对受理的申请，国务院气象主管机构应当委托符合下列基本条件的检测机构对产品进行检定、检测：

（一）具有国家法定授权的气象计量机构或者认证认可监督管理部门颁发资质的检测机构；

（二）具备技术标准要求的检验测试手段和基本环境条件；

（三）用于检测的标准、设备和仪器经过计量主管部门检定和校准；

（四）具有相应资格的测试技术人员；

（五）具有完善的运行和维护制度。

第十二条 检测机构应当按照国家有关标准或者国务院气象主管机构规定的技术要求，完成检定和检测后，提交书面检测报告。检测机构应当对检测数据和结论的真实性负责，并对相关技术文件保密。

人工影响天气作业用火箭发射装置、炮弹、火箭弹，还应由国家级人工影响天气业务单位出具业务性试用报告。

第十三条 国务院气象主管机构应当依据检测机构出具的报告对申请材料进行全面审查，在受理之日起二十个工作日内作出是否准予行政许可的决定。审查合格的，依法作出准予行政许可的决定；审查不合格的，依法作出不予行政许可的书面决定，出具《不予行政许可决定书》，同时说明理由并告知申请人享有依法申请行政复议或者提起行政诉讼的权利。

第十四条 国务院气象主管机构作出准予行政许可决定的，应当自作出决定之日起十个工作日内向申请人颁发《气象专用技术装备使用许可证》。

《气象专用技术装备使用许可证》分正本和副本，应当载明产品名称、规格型号、生产单位、法定代表人、单位地址、许可证编号、有效期限、发证日期、产品配置清单等内容，并加盖国务院气象主管机构的印章。《气象专用技术装备使用许可证》的有效期为四年。

第十五条 《气象专用技术装备使用许可证》有效期届满需要延期的，被许可人应当在有效期届满六十日前，向国务院气象主管机构提出延续申请。国务院气象主管机构应当在有效期届满前完成审查。符合条件的，予以延续；不符合条件的，不予以延续，并书面告知申请人。

第十六条 取得《气象专用技术装备使用许可证》的单位在其证书有效期内，单位名称、地址、法定代表人等发生变更的，应当在工商行政管理部门变更登记后三十日内，向国务院气象主管机构提出变更申请。

第十七条 国务院气象主管机构应当将申请人办理《气象专用技术装备使用许可证》的有关资料按照档案管理的有关规定及时归档，公众有权查阅。

第四章 监督管理

第十八条 国务院气象主管机构应当对取得许可的气象专用技术装备进行监督检查。

地方各级气象主管机构应当对气象业务使用的气象专用技术装备的购买和使用情况进行定期检查，并将检查情况逐级报告上级气象主管机构。

对监督检查中发现的问题，国务院气象主管机构责令被许可人或者购买、使用单位限期整改。

第十九条 任何组织和个人不得涂改、伪造、倒卖、出租、出借《气象专用技术装备使用许可证》。

第二十条 任何单位和个人对《气象专用技术装备使用许可证》发放和管理过程中的违法行为有权进行举报，国务院气象主管机构应当及时核实、处理。

第二十一条 产品出现重大质量问题、被许可人对存在的问题拒不整改或者整改达不到要求的，国务院气象主管机构应当根据利害关系人的申请或者依据职权作出撤销行政许可的决定。

第二十二条 有下列情形之一的，国务院气象主管机构应当依法办理有关行政许可的注销手续：

（一）许可有效期届满未申请延续的；

（二）法人依法终止的；

（三）许可依法被撤销的；

（四）法律、法规规定的应当注销许可的其他情形。

第五章 罚 则

第二十三条 申请人隐瞒有关情况，提供虚假材料，申请气象专用技术装备使用许可的，国务院气象主管机构不予受理或者不予许可，并给予警告。申请人在一年内不得再次申请该项许可。

第二十四条 被许可人以欺骗、贿赂等不正当手段取得气象专用技术装备使用许可的，国务院气象主管机构给予警告，撤销其许可，申请人在三年内不得再次申请该项许可；给他人造成损失的，依法承担赔偿责任；构成犯罪的，依法追究刑事责任。

第二十五条 违反本办法规定，涂改、伪造、倒卖、出租、出借《气象专用技术装备使用许可证》的，国务院气象主管机构给予警告，撤销其许可；给他人造成损失的，依法承担赔偿责任；构成犯罪的，依法追究刑事责任。

第二十六条 违反本办法规定，使用未经许可或者被注销、撤销许可后生产的气象专用技术装备，并造成危害的，由县级以上气象主管机构按照《气象法》第三十六条的规定进行处罚。

第六章 附 则

第二十七条 本办法自2016年6月1日起施行。2006年11月22日中国气象局公布的《气象专用技术装备使用许可管理办法》(中国气象局令第14号)同时废止。

依据中国气象局令第14号已经取得的《气象专用技术装备使用许可证》在有效期内继续有效。

雷电防护装置检测资质管理办法

(2016年4月7日中国气象局令第31号公布 根据2020年11月29日《中国气象局关于修改〈雷电防护装置检测资质管理办法〉的决定》第一次修订 根据2022年8月15日《中国气象局关于修改和废止部分部门规章的决定》第二次修订)

第一章 总 则

第一条 为了加强雷电防护装置检测资质管理,规范雷电防护装置检测行为,保护人民生命财产和公共安全,依据《中华人民共和国气象法》《气象灾害防御条例》等法律法规,制定本办法。

第二条 申请雷电防护装置检测资质,实施对雷电防护装置检测资质的监督管理,适用本办法。

本办法所称雷电防护装置检测是指对接闪器、引下线、接地装置、电涌保护器及其连接导体等构成的,用以防御雷电灾害的设施或者系统进行检测的活动。

第三条 国务院气象主管机构负责全国雷电防护装置检测资质的监督管理工作。

省、自治区、直辖市气象主管机构负责本行政区域内雷电防护装置检测资质的管理和认定工作。

第四条 雷电防护装置检测资质等级分为甲、乙两级。

甲级资质单位可以从事《建筑物防雷设计规范》规定的第一类、第二类、第三类建(构)筑物的雷电防护装置的检测。

乙级资质单位可以从事《建筑物防雷设计规范》规定的第三类建(构)筑物的雷电防护装置的检测。

第五条 《雷电防护装置检测资质证》分正本和副本,由国务院气象主管机构统一印制。资质证有效期为五年。

第六条 雷电防护装置检测资质的认定应当遵循公开、公平、公正和便民、高效、信赖保护的原则。

第二章 资质申请条件

第七条 申请雷电防护装置检测资质的单位应当具备以下基本条件:

(一)独立法人资格;

(二)具有满足雷电防护装置检测业务需要的经营场所;

(三)从事雷电防护装置检测工作的人员应当具备雷电防护装置检测能力;在具备雷电防护装置检测能力的人员中,应当有一定数量的与防雷、建筑、电子、电气、气象、通信、电力、计算机相关专业的高、中级专业技术人员,并在其从业单位参加社会保险;

(四)具有雷电防护装置检测质量管理体系,并有健全的技术、档案和安全管理制度;

(五)具有与所申请资质等级相适应的技术能力和良好信誉;

(六)用于雷电防护装置检测的专用仪器设备应当经法定计量检定机构检定或者校准,并在有效期内。

第八条 申请甲级资质的单位除了符合本办法第七条的基本条件外,还应当同时符合以下条件:

（一）具备雷电防护装置检测能力的人员，其中具有高级技术职称的不少于二名，具有中级技术职称的不少于六名；技术负责人应当具有高级技术职称，从事雷电防护装置检测工作四年以上，并具备甲级资质等级要求的雷电防护装置检测专业知识和能力；

（二）近三年内开展的雷电防护装置检测项目不少于二百个，且未因检测质量问题引发事故；雷电防护装置检测项目通过省、自治区、直辖市气象主管机构组织的质量考核合格率达百分之九十以上；

（三）具有满足相应技术标准的专业设备（附表1）；

（四）取得乙级资质三年以上。

第九条 申请乙级资质的单位除了符合本办法第七条的基本条件外，还应当同时符合以下条件：

（一）具备雷电防护装置检测能力的人员，其中具有高级技术职称的不少于一名，具有中级技术职称的不少于三名；技术负责人应当具有高级技术职称，从事雷电防护装置设计、施工、检测等工作两年以上，并具备乙级资质等级要求的雷电防护装置检测专业知识和能力；

（二）具有满足相应技术标准的专业设备（附表1）。

第三章 资质申请与受理

第十条 申请雷电防护装置检测资质的单位，应当向法人登记所在地的省、自治区、直辖市气象主管机构提出申请。

第十一条 满足本办法第七条和第九条相应条件的，可以申请雷电防护装置检测的乙级资质。申请单位应当提交以下材料：

（一）《雷电防护装置检测资质申请表》（附表2）；

（二）《专业技术人员简表》（附表3），具备雷电防护装置检测能力的专业技术人员技术职称证书、身份证明、劳动合同；

（三）雷电防护装置检测质量管理手册；

（四）仪器、设备及相关设施清单，以及检定或者校准证书；

（五）安全生产管理制度。

第十二条 符合本办法第七条和第八条相应条件的，可以申请雷电防护装置检测的甲级资质。申请单位除了提交本办法第十一条所规定的材料外，还应当提交以下材料：

（一）《近三年已完成雷电防护装置检测项目表》（附表4）；

（二）近三年二十个以上雷电防护装置检测项目的相关资料。

第十三条 省、自治区、直辖市气象主管机构应当在收到全部申请材料之日起五个工作日内，作出受理或者不予受理的书面决定。

申请材料齐全且符合法定形式的，应当受理，并出具加盖本行政机关专用印章和注明日期的书面凭证。对不予受理的，应当书面说明理由。

申请材料不齐全或者不符合法定形式的，气象主管机构应当当场或者在收到申请材料之日起五个工作日内一次告知申请单位需要补正的全部内容，逾期不告知的，自收到申请材料之日起即视为受理。

第四章　资质审查与评审

第十四条 省、自治区、直辖市气象主管机构受理后，可以根据工作需要指派两名以上工作人员到申请单位进行现场核查。

第十五条 省、自治区、直辖市气象主管机构受理后，应当委托雷电防护装置检测资质评审委员会评审，并对评审结果进行审查。评审委员会评审时应当以记名投票方式进行表决，并提出评审意见。

省、自治区、直辖市气象主管机构应当建立雷电防护装置检测资质评审专家库，报国务院气象主管机构备案。

雷电防护装置检测资质评审委员会的委员应当从雷电防护装

置检测资质评审专家库中随机抽取确定,并报国务院气象主管机构备案。

第十六条 省、自治区、直辖市气象主管机构应当自受理行政许可申请之日起二十个工作日内作出认定,专家评审所需时间不计入许可审查时限,但应当在作出受理决定时书面告知申请单位。

通过认定的,认定机构颁发《雷电防护装置检测资质证》,并在作出认定后三十个工作日内报国务院气象主管机构备案。

未通过认定的,认定机构在十个工作日内书面告知申请单位,并说明理由。

第五章 监督管理

第十七条 雷电防护装置检测单位及其人员从事雷电防护装置检测活动,应当遵守国家有关技术规范和标准。

第十八条 雷电防护装置检测单位应当遵循客观、公平、公正、诚信原则,确保其出具的雷电防护装置检测数据、结果的真实、客观、准确,并对雷电防护装置检测数据、结果负责。

第十九条 雷电防护装置检测单位不得与其检测项目的设计、施工、监理单位以及所使用的防雷产品生产、销售单位有隶属关系或者其他利害关系。

第二十条 雷电防护装置检测资质管理实行年度报告制度。

雷电防护装置检测单位应当从取得资质证后次年起,在每年的第二季度向资质认定机构报送年度报告。年度报告应当包括持续符合资质认定条件和要求、执行技术标准和规范情况、分支机构设立和经营情况、检测项目表以及统计数据等内容。

资质认定机构对年度报告内容进行抽查,将抽查结果纳入信用管理,同时记入信用档案并公示。

第二十一条 取得雷电防护装置检测资质的单位,应当在资质证有效期满三个月前,向原认定机构提出延续申请。原认定机构根据年度报告、信用档案及资质申请条件，在有效期满前作出是否准予延续的决定。逾期未提出延续申请的，资质证到期自动失效。

第二十二条　取得雷电防护装置检测资质的单位在资质证有效期内名称、地址、法定代表人等发生变更的，应当在法人登记机关变更登记后三十个工作日内，向原资质认定机构申请办理资质证变更手续。

雷电防护装置检测资质的单位发生合并、分立以及注册地跨省、自治区、直辖市变更的，应当按照下列规定及时向所在地的省、自治区、直辖市气象主管机构申请核定资质。

（一）取得雷电防护装置检测资质的单位合并的，合并后存续或者新设立的单位可以承继合并前各方中较高等级的资质，但应当符合相应的资质条件；

（二）取得雷电防护装置检测资质的单位分立的，分立后资质等级根据实际达到的资质条件重新核定；

（三）取得雷电防护装置检测资质的单位跨省、自治区、直辖市变更注册地的，由新注册所在地的省、自治区、直辖市气象主管机构核定资质。

第二十三条　雷电防护装置检测单位设立分支机构或者跨省、自治区、直辖市从事雷电防护装置检测活动的，应当及时向开展活动所在地的省、自治区、直辖市气象主管机构报告，并报送检测项目清单，接受监管。

第二十四条　取得雷电防护装置检测资质的单位，应当按照资质等级承担相应的雷电防护装置检测工作。禁止无资质证或者超出资质等级承接雷电防护装置检测，禁止转包或者违法分包。

从事雷电防护装置检测活动的专业技术人员，不得同时在两个以上雷电防护装置检测资质单位兼职从业。

第二十五条　任何单位不得以欺骗、弄虚作假等手段取得资质，不得伪造、涂改、出租、出借、挂靠、转让《雷电防护装置检测资质证》。

第二十六条 省、自治区、直辖市气象主管机构应当组织或者委托第三方专业技术机构对雷电防护装置检测单位的检测质量进行考核。

第二十七条 县级以上地方气象主管机构对本行政区域内的雷电防护装置检测活动进行监督检查,可以采取下列措施:

(一)要求被检查的单位或者个人提供有关文件和资料,进行查询或者复制;

(二)就有关事项询问被检查的单位或者个人,要求作出说明;

(三)进入有关雷电防护装置检测现场进行监督检查。

气象主管机构进行监督检查时,有关单位和个人应当予以配合。

第二十八条 取得雷电防护装置检测资质的单位不再符合相应资质条件的,由原资质认定的气象主管机构责令限期整改,整改期限最长不超过3个月。资质单位整改期间不得申请雷电防护装置检测资质的升级,不能承揽新的检测业务。

甲级雷电防护装置检测资质单位逾期不整改或者整改后仍达不到甲级资质条件的,可以申请重新核定资质等级;未申请重新核定资质等级的,予以撤销资质。乙级雷电防护装置检测资质单位逾期不整改或者整改后仍达不到乙级资质条件的,予以撤销资质。

第二十九条 国务院气象主管机构应当建立全国雷电防护装置检测单位信用信息、资质等级情况公示制度。省、自治区、直辖市气象主管机构应当对在本行政区域内从事雷电防护装置检测活动单位的监督管理情况、信用信息等及时予以公布。

省、自治区、直辖市气象主管机构应当对本行政区域内取得雷电防护装置检测资质的单位建立信用管理制度,将雷电防护装置检测活动和监督管理等信息纳入信用档案,并作为资质延续、升级的依据。

第三十条 雷电防护装置检测单位有下列情形之一的,县级以上气象主管机构视情节轻重，责令限期整改：

（一）雷电防护装置检测标准适用错误的；

（二）雷电防护装置检测方法不正确的；

（三）雷电防护装置检测内容不全面、达不到相关技术要求或者不足以支持雷电防护装置检测结论的；

（四）雷电防护装置检测结论不明确、不全面或错误的。

第三十一条 鼓励防雷行业组织对雷电防护装置检测活动实行行业自律管理，并接受省、自治区、直辖市气象主管机构的政策、业务指导和行业监管。

第六章 罚 则

第三十二条 国家工作人员在雷电防护装置检测资质的认定和管理工作中玩忽职守、滥用职权、徇私舞弊的，依法给予处分；构成犯罪的，依法追究刑事责任。

第三十三条 申请单位隐瞒有关情况、提供虚假材料申请资质认定的，有关气象主管机构不予受理或者不予行政许可，并给予警告。申请单位在一年内不得再次申请资质认定。

第三十四条 被许可单位以欺骗、贿赂等不正当手段取得资质的，有关气象主管机构按照权限给予警告，撤销其资质证，可以并处三万元以下的罚款；被许可单位在三年内不得再次申请资质认定；构成犯罪的，依法追究刑事责任。

第三十五条 雷电防护装置检测单位违反本办法规定，有下列行为之一的，由县级以上气象主管机构按照权限责令限期改正，拒不改正的给予警告，《雷电防护装置检测资质证》到期后不予延续，处罚结果纳入全国雷电防护装置检测单位信用信息系统并向社会公示：

（一）与检测项目的设计、施工、监理单位以及所使用的防雷产品生产、销售单位有隶属关系或者其他利害关系的；

(二)使用不符合条件的雷电防护装置检测人员的。

第三十六条 雷电防护装置检测单位违反本办法规定,有下列行为之一的,按照《气象灾害防御条例》第四十五条的规定进行处罚:

(一)伪造、涂改、出租、出借、挂靠、转让雷电防护装置检测资质证的;

(二)向监督检查机构隐瞒有关情况、提供虚假材料或者拒绝提供反映其活动情况的真实材料的;

(三)转包或者违法分包雷电防护装置检测项目的;

(四)无资质或者超越资质许可范围从事雷电防护装置检测的。

第七章 附 则

第三十七条 电力、通信雷电防护装置检测资质管理办法由国务院气象主管机构和国务院电力或者国务院通信主管部门共同制定,另行公布。

第三十八条 在本办法施行前,已取得各省、自治区、直辖市气象主管机构颁发的防雷装置检测资质的单位,应当在2017年9月30日前,按照本办法规定重新核定资质。

第三十九条 各省、自治区、直辖市气象主管机构可以根据本办法制定实施细则,并报国务院气象主管机构备案。

第四十条 本办法自2016年10月1日起施行。

附表 1

雷电防护装置检测专业设备表

序号	仪器设备名称	配置台数		主要性能要求
		甲	乙	
1	激光测距仪	✓	✓	量程:0-150m
2	测厚仪	✓	✓	金属厚度测量,超声波
3	经纬仪	✓	✓	量程:0-360°,分辨率:2″
4	拉力计	✓	✓	量程:0-40kgf
5	可燃气体测试仪	✓	✓	适用气体:可燃气体
6	接地电阻测试仪	✓	✓	测试电流:>20mA(正弦波),分辨率:0.01Ω
7	大地网测试仪	✓		测试电流:>3A,分辨率:0.001~99.999Ω,频率可选
8	土壤电阻率测试仪	✓	✓	四线法测量,测试电流:>20mA(正弦波)分辨率:0.01Ω
9	等电位测试仪	✓	✓	测试电流:≥1A,四线法测试,分辨率:0.001Ω,具备大容量锂电池
10	环路电阻测试仪	✓	✓	电阻测量分辨率:0.001Ω,电流测量分辨率:1μA
11	防雷元件测试仪	✓	✓	测试器件:MOV,具备大容量锂电池
12	绝缘电阻测试仪	✓	✓	0-1000MΩ
13	表面阻抗测试仪	✓	✓	测量范围:10^3-10^{10}Ω
14	静电电位测试仪	✓	✓	测量范围:±20kv
15	数字万用表	✓	✓	电压、电流、电阻测量,分辨率:3 位半
16	防爆对讲机	✓		防爆对讲
17	标准电阻	✓	✓	10^{-3}~10^5 欧姆,功率 1/2w,线绕型
18	钢卷尺	✓	✓	分辨率:0.01m
19	游标卡尺	✓	✓	量程:0-150mm

附表 2

雷电防护装置检测资质申请表

填报单位(盖章)：　　　　　　　　　　　　　　填报日期：　年　月　日

<table>
<tr><td colspan="2">单位名称</td><td colspan="6"></td></tr>
<tr><td colspan="2">法定代表人</td><td colspan="2"></td><td>经济性质</td><td colspan="3"></td></tr>
<tr><td colspan="2">主管单位</td><td colspan="6"></td></tr>
<tr><td colspan="2">单位地址</td><td colspan="6"></td></tr>
<tr><td colspan="2">通信地址</td><td colspan="2"></td><td>邮政编码</td><td></td><td>联系电话</td><td></td></tr>
<tr><td colspan="4">申请雷电防护装置检测资质等级</td><td colspan="4"></td></tr>
<tr><td colspan="4">从事雷电防护装置检测时间</td><td colspan="4"></td></tr>
<tr><td colspan="8">本单位专业技术人员数量</td></tr>
<tr><td>高　工</td><td>人</td><td>工程师</td><td>人</td><td>助工/技术员</td><td>人</td><td>技　工</td><td>人</td></tr>
<tr><td>单位概况</td><td colspan="7"></td></tr>
</table>

续表

本人承诺：所提供材料真实有效。 法定代表人： 年　月　日	
评审意见	年　月　日
主管部门审批意见	年　月　日

附表 3

专业技术人员简表

填报单位(盖章)：　　　　　　　　　　　　　　　　　　　　　　填报日期：　　年　　月　　日

序号	姓名	身份证号	职称专业	职称	工作岗位	从事雷电防护装置检测工作时间	其他证编号

附表 4

近三年已完成雷电防护装置检测项目表

填报单位(盖章):　　　　　　　　　　　　　　　　　填报日期:　　年　　月　　日

序号	项目名称	建筑物防雷类别			合同编号	完成时间	备注
		一	二	三			

注:请按此表如实填写近三年内实际完成的雷电防护装置检测项目情况。

最高人民法院、最高人民检察院、公安部、国家文物局关于办理妨害文物管理等刑事案件若干问题的意见

（2022 年 8 月 16 日　公通字〔2022〕18 号）

各省、自治区、直辖市高级人民法院、人民检察院、公安厅（局）、文物局（文化和旅游厅/局），新疆维吾尔自治区高级人民法院生产建设兵团分院，新疆生产建设兵团人民检察院、公安局、文物局：

为依法惩治文物犯罪，加强对文物的保护，根据《中华人民共和国刑法》《中华人民共和国刑事诉讼法》《中华人民共和国文物保护法》和《最高人民法院、最高人民检察院关于办理妨害文物管理等刑事案件适用法律若干问题的解释》（法释〔2015〕23 号，以下简称《文物犯罪解释》）等有关规定，结合司法实践，制定本意见。

一、总体要求

文物承载灿烂文明，传承历史文化，维系民族精神，是国家和民族历史发展的见证，是弘扬中华优秀传统文化的珍贵财富，是培育社会主义核心价值观、凝聚共筑中国梦磅礴力量的深厚滋养。保护文物功在当代、利在千秋。当前，我国文物安全形势依然严峻，文物犯罪时有发生，犯罪团伙专业化、智能化趋势明显，犯罪活动向网络发展蔓延，犯罪产业链日趋成熟，地下市场非法交易猖獗，具有严重的社会危害性。各级人民法院、人民检察院、公安机关、文物行政部门要坚持以习近平新时代中国特色社会主义思想

为指导，坚决贯彻落实习近平总书记关于文物工作系列重要论述精神，从传承中华文明、对国家对民族对子孙后代负责的战略高度，提高对文物保护工作重要性的认识，增强责任感使命感紧迫感，勇于担当作为、忠诚履职尽责，依法惩治和有效防范文物犯罪，切实保护国家文化遗产安全。

二、依法惩处文物犯罪

（一）准确认定盗掘行为

1. 针对古建筑、石窟寺等不可移动文物中包含的古文化遗址、古墓葬部分实施盗掘，符合刑法第三百二十八条规定的，以盗掘古文化遗址、古墓葬罪追究刑事责任。

盗掘对象是否属于古文化遗址、古墓葬，应当按照《文物犯罪解释》第八条、第十五条的规定作出认定。

2. 以盗掘为目的，在古文化遗址、古墓葬表层进行钻探、爆破、挖掘等作业，因意志以外的原因，尚未损害古文化遗址、古墓葬的历史、艺术、科学价值的，属于盗掘古文化遗址、古墓葬未遂，应当区分情况分别处理：

（1）以被确定为全国重点文物保护单位、省级文物保护单位的古文化遗址、古墓葬为盗掘目标的，应当追究刑事责任；

（2）以被确定为市、县级文物保护单位的古文化遗址、古墓葬为盗掘目标的，对盗掘团伙的纠集者、积极参加者，应当追究刑事责任；

（3）以其他古文化遗址、古墓葬为盗掘目标的，对情节严重者，依法追究刑事责任。

实施前款规定的行为，同时构成刑法第三百二十四条第一款、第二款规定的故意损毁文物罪、故意损毁名胜古迹罪的，依照处罚较重的规定定罪处罚。

3. 刑法第三百二十八条第一款第三项规定的“多次盗掘”是指盗掘三次以上。对于行为人基于同一或者概括犯意，在同一古文化遗址、古墓葬本体周边一定范围内实施连续盗掘，已损害古文化遗址、古墓葬的历史、艺术、科学价值的，一般应认定为一次盗掘。

（二）准确认定盗窃行为

采用破坏性手段盗窃古建筑、石窟寺、石刻、壁画、近现代重要史迹和代表性建筑等不可移动文物未遂，具有下列情形之一的，应当依法追究刑事责任：

1. 针对全国重点文物保护单位、省级文物保护单位中的建筑构件、壁画、雕塑、石刻等实施盗窃，损害文物本体历史、艺术、科学价值，情节严重的；

2. 以被确定为市、县级以上文物保护单位整体为盗窃目标的；

3. 造成市、县级以上文物保护单位的不可移动文物本体损毁的；

4. 针对不可移动文物中的建筑构件、壁画、雕塑、石刻等实施盗窃，所涉部分具有等同于三级以上文物历史、艺术、科学价值的；

5. 其他情节严重的情形。

实施前款规定的行为，同时构成刑法第三百二十四条第一款、第二款规定的故意损毁文物罪、故意损毁名胜古迹罪的，依照处罚较重的规定定罪处罚。

（三）准确认定掩饰、隐瞒与倒卖行为

1. 明知是盗窃文物、盗掘古文化遗址、古墓葬等犯罪所获取的文物，而予以窝藏、转移、收购、加工、代为销售或者以其他方法掩饰、隐瞒的，符合《文物犯罪解释》第九条规定的，以刑法第三百一十二条规定的掩饰、隐瞒犯罪所得罪追究刑事责任。

对是否“明知”，应当结合行为人的认知能力、既往经历、行为次数和手段，与实施盗掘、盗窃、倒卖文物等犯罪行为人的关系，获利情况，是否故意规避调查，涉案文物外观形态、价格等主、客观因素进行综合审查判断。具有下列情形之一，行为人不能做出合理解释的，可以认定其“明知”，但有相反证据的除外：

（1）采用黑话、暗语等方式进行联络交易的；

（2）通过伪装、隐匿文物等方式逃避检查，或者以暴力等方式抗拒检查的；

(3)曾因实施盗掘、盗窃、走私、倒卖文物等犯罪被追究刑事责任，或者二年内受过行政处罚的；

(4)有其他证据足以证明行为人应当知道的情形。

2. 出售或者为出售而收购、运输、储存《中华人民共和国文物保护法》第五十一条规定的“国家禁止买卖的文物”，可以结合行为人的从业经历、认知能力、违法犯罪记录、供述情况，交易的价格、次数、件数、场所，文物的来源、外观形态等综合审查判断，认定其行为系刑法第三百二十六条规定的“以牟利为目的”，但文物来源符合《中华人民共和国文物保护法》第五十条规定的除外。

三、涉案文物的认定和鉴定评估

对案件涉及的文物等级、类别、价值等专门性问题，如是否属于古文化遗址、古墓葬、古建筑、石窟寺、石刻、壁画、近代现代重要史迹和代表性建筑等不可移动文物，是否具有历史、艺术、科学价值，是否属于各级文物保护单位，是否属于珍贵文物，以及有关行为对文物造成的损毁程度和对文物价值造成的影响等，案发前文物行政部门已作认定的，可以直接对有关案件事实作出认定；案发前未作认定的，可以结合国务院文物行政部门指定的机构出具的《涉案文物鉴定评估报告》作出认定，必要时，办案机关可以依法提请文物行政部门对有关问题作出说明。《涉案文物鉴定评估报告》应当依照《涉案文物鉴定评估管理办法》(文物博发〔2018〕4号)规定的程序和格式文本出具。

四、文物犯罪案件管辖

文物犯罪案件一般由犯罪地的公安机关管辖，包括文物犯罪的预谋地、工具准备地、勘探地、盗掘地、盗窃地、途经地、交易地、倒卖信息发布地、出口(境)地、涉案不可移动文物的所在地、涉案文物的实际取得地、藏匿地、转移地、加工地、储存地、销售地等。多个公安机关都有权立案侦查的文物犯罪案件，由主要犯罪地公安机关立案侦查。

具有下列情形之一的，有关公安机关可以在其职责范围内并案处理：

（1）一人犯数罪的；

（2）共同犯罪的；

（3）共同犯罪的犯罪嫌疑人还实施其他犯罪的；

（4）三人以上时分时合，交叉结伙作案的；

（5）多个犯罪嫌疑人实施的盗掘、盗窃、倒卖、掩饰、隐瞒、走私等犯罪存在直接关联，或者形成多层级犯罪链条，并案处理有利于查明案件事实的。

五、宽严相济刑事政策的应用

（一）要着眼出资、勘探、盗掘、盗窃、倒卖、收赃、走私等整个文物犯罪网络开展打击，深挖幕后金主，斩断文物犯罪链条，对虽未具体参与实施有关犯罪实行行为，但作为幕后纠集、组织、指挥、筹划、出资、教唆者，在共同犯罪中起主要作用的，可以依法认定为主犯。

（二）对曾因文物违法犯罪而受过行政处罚或者被追究刑事责任、多次实施文物违法犯罪行为、以及国家工作人员实施本意见规定相关犯罪行为的，可以酌情从重处罚。

（三）正确运用自首、立功、认罪认罚从宽等制度，充分发挥刑罚的惩治和预防功能。对积极退回或协助追回文物，协助抓捕重大文物犯罪嫌疑人，以及提供重要线索，对侦破、查明其他重大文物犯罪案件起关键作用的，依法从宽处理。

（四）人民法院、人民检察院、公安机关应当加强与文物行政等部门的沟通协调，强化行刑衔接，对不构成犯罪的案件，依据有关规定及时移交。公安机关依法扣押的国家禁止经营的文物，经审查与案件无关的，应当交由文物行政等有关部门依法予以处理。文物行政等部门在查办案件中，发现涉嫌构成犯罪的案件，依据有关规定及时向公安机关移送。

最高人民法院、最高人民检察院、公安部关于办理信息网络犯罪案件适用刑事诉讼程序若干问题的意见

（2022年8月26日　法发〔2022〕23号）

为依法惩治信息网络犯罪活动，根据《中华人民共和国刑法》《中华人民共和国刑事诉讼法》以及有关法律、司法解释的规定，结合侦查、起诉、审判实践，现就办理此类案件适用刑事诉讼程序问题提出以下意见。

一、关于信息网络犯罪案件的范围

1. 本意见所称信息网络犯罪案件包括：

（1）危害计算机信息系统安全犯罪案件；

（2）拒不履行信息网络安全管理义务、非法利用信息网络、帮助信息网络犯罪活动的犯罪案件；

（3）主要行为通过信息网络实施的诈骗、赌博、侵犯公民个人信息等其他犯罪案件。

二、关于信息网络犯罪案件的管辖

2. 信息网络犯罪案件由犯罪地公安机关立案侦查。必要时，可以由犯罪嫌疑人居住地公安机关立案侦查。

信息网络犯罪案件的犯罪地包括用于实施犯罪行为的网络服务使用的服务器所在地，网络服务提供者所在地，被侵害的信息网络系统及其管理者所在地，犯罪过程中犯罪嫌疑人、被害人或者其他涉案人员使用的信息网络系统所在地，被害人被侵害时所在地以及被害人财产遭受损失地等。

涉及多个环节的信息网络犯罪案件，犯罪嫌疑人为信息网络犯罪提供帮助的，其犯罪地、居住地或者被帮助对象的犯罪地公安

机关可以立案侦查。

3. 有多个犯罪地的信息网络犯罪案件，由最初受理的公安机关或者主要犯罪地公安机关立案侦查。有争议的，按照有利于查清犯罪事实、有利于诉讼的原则，协商解决；经协商无法达成一致的，由共同上级公安机关指定有关公安机关立案侦查。需要提请批准逮捕、移送审查起诉、提起公诉的，由立案侦查的公安机关所在地的人民检察院、人民法院受理。

4. 具有下列情形之一的，公安机关、人民检察院、人民法院可以在其职责范围内并案处理：

（1）一人犯数罪的；

（2）共同犯罪的；

（3）共同犯罪的犯罪嫌疑人、被告人还实施其他犯罪的；

（4）多个犯罪嫌疑人、被告人实施的犯罪行为存在关联，并案处理有利于查明全部案件事实的。

对为信息网络犯罪提供程序开发、互联网接入、服务器托管、网络存储、通讯传输等技术支持，或者广告推广、支付结算等帮助，涉嫌犯罪的，可以依照第一款的规定并案侦查。

有关公安机关依照前两款规定并案侦查的案件，需要提请批准逮捕、移送审查起诉、提起公诉的，由该公安机关所在地的人民检察院、人民法院受理。

5. 并案侦查的共同犯罪或者关联犯罪案件，犯罪嫌疑人人数众多、案情复杂的，公安机关可以分案移送审查起诉。分案移送审查起诉的，应当对并案侦查的依据、分案移送审查起诉的理由作出说明。

对于前款规定的案件，人民检察院可以分案提起公诉，人民法院可以分案审理。

分案处理应当以有利于保障诉讼质量和效率为前提，并不得影响当事人质证权等诉讼权利的行使。

6. 依照前条规定分案处理，公安机关、人民检察院、人民法院在分案前有管辖权的，分案后对相关案件的管辖权不受影响。根据具体情况，分案处理的相关案件可以由不同审级的人民法院分别审理。

7. 对于共同犯罪或者已并案侦查的关联犯罪案件，部分犯罪嫌疑人未到案，但不影响对已到案共同犯罪或者关联犯罪的犯罪嫌疑人、被告人的犯罪事实认定的，可以先行追究已到案犯罪嫌疑人、被告人的刑事责任。之前未到案的犯罪嫌疑人、被告人归案后，可以由原办案机关所在地公安机关、人民检察院、人民法院管辖其所涉及的案件。

8. 对于具有特殊情况，跨省（自治区、直辖市）指定异地公安机关侦查更有利于查清犯罪事实、保证案件公正处理的重大信息网络犯罪案件，以及在境外实施的信息网络犯罪案件，公安部可以商最高人民检察院和最高人民法院指定侦查管辖。

9. 人民检察院对于审查起诉的案件，按照刑事诉讼法的管辖规定，认为应当由上级人民检察院或者同级其他人民检察院起诉的，应当将案件移送有管辖权的人民检察院，并通知移送起诉的公安机关。人民检察院认为需要依照刑事诉讼法的规定指定审判管辖的，应当协商同级人民法院办理指定管辖有关事宜。

10. 犯罪嫌疑人被多个公安机关立案侦查的，有关公安机关一般应当协商并案处理，并依法移送案件。协商不成的，可以报请共同上级公安机关指定管辖。

人民检察院对于审查起诉的案件，发现犯罪嫌疑人还有犯罪被异地公安机关立案侦查的，应当通知移送审查起诉的公安机关。

人民法院对于提起公诉的案件，发现被告人还有其他犯罪被审查起诉、立案侦查的，可以协商人民检察院、公安机关并案处理，但可能造成审判过分迟延的除外。决定对有关犯罪并案处理，符合《中华人民共和国刑事诉讼法》第二百零四条规定的，人民检察院可以建议人民法院延期审理。

三、关于信息网络犯罪案件的调查核实

11. 公安机关对接受的案件或者发现的犯罪线索，在审查中发现案件事实或者线索不明，需要经过调查才能够确认是否达到刑事立案标准的，经公安机关办案部门负责人批准，可以进行调查核实；经过调查核实达到刑事立案标准的，应当及时立案。

12. 调查核实过程中，可以采取询问、查询、勘验、检查、鉴定、调取证据材料等不限制被调查对象人身、财产权利的措施，不得对被调查对象采取强制措施，不得查封、扣押、冻结被调查对象的财产，不得采取技术侦查措施。

13. 公安机关在调查核实过程中依法收集的电子数据等材料，可以根据有关规定作为证据使用。

调查核实过程中收集的材料作为证据使用的，应当随案移送，并附批准调查核实的相关材料。

调查核实过程中收集的证据材料经查证属实，且收集程序符合有关要求的，可以作为定案依据。

四、关于信息网络犯罪案件的取证

14. 公安机关向网络服务提供者调取电子数据的，应当制作调取证据通知书，注明需要调取的电子数据的相关信息。调取证据通知书及相关法律文书可以采用数据电文形式。跨地域调取电子数据的，可以通过公安机关信息化系统传输相关数据电文。

网络服务提供者向公安机关提供电子数据的，可以采用数据电文形式。采用数据电文形式提供电子数据的，应当保证电子数据的完整性，并制作电子证明文件，载明调证法律文书编号、单位电子公章、完整性校验值等保护电子数据完整性方法的说明等信息。

数据电文形式的法律文书和电子证明文件，应当使用电子签名、数字水印等方式保证完整性。

15. 询(讯)问异地证人、被害人以及与案件有关联的犯罪嫌疑人的，可以由办案地公安机关通过远程网络视频等方式进行并制作笔录。

远程询(讯)问的,应当由协作地公安机关事先核实被询(讯)问人的身份。办案地公安机关应当将询(讯)问笔录传输至协作地公安机关。询(讯)问笔录经被询(讯)问人确认并逐页签名、捺指印后,由协作地公安机关协作人员签名或者盖章,并将原件提供给办案地公安机关。询(讯)问人员收到笔录后,应当在首页右上方写明"于某年某月某日收到",并签名或者盖章。

远程询(讯)问的,应当对询(讯)问过程同步录音录像,并随案移送。

异地证人、被害人以及与案件有关联的犯罪嫌疑人亲笔书写证词、供词的,参照执行本条第二款规定。

16. 人民检察院依法自行侦查、补充侦查,或者人民法院调查核实相关证据的,适用本意见第 14 条、第 15 条的有关规定。

17. 对于依照本意见第 14 条的规定调取的电子数据,人民检察院、人民法院可以通过核验电子签名、数字水印、电子数据完整性校验值及调证法律文书编号是否与证明文件相一致等方式,对电子数据进行审查判断。

对调取的电子数据有疑问的,由公安机关、提供电子数据的网络服务提供者作出说明,或者由原调取机关补充收集相关证据。

五、关于信息网络犯罪案件的其他问题

18. 采取技术侦查措施收集的材料作为证据使用的,应当随案移送,并附采取技术侦查措施的法律文书、证据材料清单和有关说明材料。

移送采取技术侦查措施收集的视听资料、电子数据的,应当由两名以上侦查人员制作复制件,并附制作说明,写明原始证据材料、原始存储介质的存放地点等信息,由制作人签名,并加盖单位印章。

19. 采取技术侦查措施收集的证据材料,应当经过当庭出示、辨认、质证等法庭调查程序查证。

当庭调查技术侦查证据材料可能危及有关人员的人身安全，或者可能产生其他严重后果的，法庭应当采取不暴露有关人员身份和技术侦查措施使用的技术设备、技术方法等保护措施。必要时，审判人员可以在庭外对证据进行核实。

20. 办理信息网络犯罪案件，对于数量特别众多且具有同类性质、特征或者功能的物证、书证、证人证言、被害人陈述、视听资料、电子数据等证据材料，确因客观条件限制无法逐一收集的，应当按照一定比例或者数量选取证据，并对选取情况作出说明和论证。

人民检察院、人民法院应当重点审查取证方法、过程是否科学。经审查认为取证不科学的，应当由原取证机关作出补充说明或者重新取证。

人民检察院、人民法院应当结合其他证据材料，以及犯罪嫌疑人、被告人及其辩护人所提辩解、辩护意见，审查认定取得的证据。经审查，对相关事实不能排除合理怀疑的，应当作出有利于犯罪嫌疑人、被告人的认定。

21. 对于涉案人数特别众多的信息网络犯罪案件，确因客观条件限制无法收集证据逐一证明、逐人核实涉案账户的资金来源，但根据银行账户、非银行支付账户等交易记录和其他证据材料，足以认定有关账户主要用于接收、流转涉案资金的，可以按照该账户接收的资金数额认定犯罪数额，但犯罪嫌疑人、被告人能够作出合理说明的除外。案外人提出异议的，应当依法审查。

22. 办理信息网络犯罪案件，应当依法及时查封、扣押、冻结涉案财物，督促涉案人员退赃退赔，及时追赃挽损。

公安机关应当全面收集证明涉案财物性质、权属情况、依法应予追缴、没收或者责令退赔的证据材料，在移送审查起诉时随案移送并作出说明。其中，涉案财物需要返还被害人的，应当尽可能查明被害人损失情况。人民检察院应当对涉案财物的证据材料进行审查，在提起公诉时提出处理意见。人民法院应当依法作出判决，对涉案财物作出处理。

对应当返还被害人的合法财产，权属明确的，应当依法及时返还；权属不明的，应当在人民法院判决、裁定生效后，按比例返还被害人，但已获退赔的部分应予扣除。

23. 本意见自2022年9月1日起施行。《最高人民法院、最高人民检察院、公安部关于办理网络犯罪案件适用刑事诉讼程序若干问题的意见》（公通字〔2014〕10号）同时废止。

附：

2022年8月份报国务院备案并予以登记的地方性法规、自治条例、单行条例和地方政府规章目录

地方性法规

法规名称	公布日期	备案登记编号
天津市区人民代表大会常务委员会街道工作委员会工作条例	2022年7月27日	国司备字［2022006821］
天津市平安建设条例	2022年7月27日	国司备字［2022006822］
天津市旅游促进条例	2022年7月27日	国司备字［2022006823］
天津市人民代表大会常务委员会关于加强城市重点区域天际线管控的决定	2022年7月27日	国司备字［2022006824］
内蒙古自治区重要经济目标防护管理条例	2022年7月28日	国司备字［2022006835］
内蒙古自治区禁毒条例	2022年7月28日	国司备字［2022006836］
呼和浩特市禁牧休牧条例	2022年8月2日	国司备字［2022006837］
呼和浩特市人民代表大会常务委员会关于修改《呼和浩特市节约用水管理条例》的决定	2022年8月3日	国司备字［2022006838］
呼和浩特市人民代表大会常务委员会关于修改《呼和浩特市城市绿化条例》的决定	2022年8月3日	国司备字［2022006839］
呼伦贝尔市人民代表大会常务委员会关于修改《呼伦贝尔市城市市容和环境卫生管理条例》的决定	2022年8月3日	国司备字［2022006840］

续表

法规名称	公布日期	备案登记编号
辽宁省林业有害生物防治条例	2022 年 7 月 27 日	国司备字［2022006746］
辽宁省港口管理规定	2022 年 7 月 27 日	国司备字［2022006747］
辽宁省消防条例	2022 年 7 月 27 日	国司备字［2022006748］
抚顺市机动车停车条例	2022 年 6 月 16 日	国司备字［2022006793］
丹东市人民代表大会常务委员会关于修改《丹东市城乡规划条例》的决定	2022 年 7 月 21 日	国司备字［2022006749］
本溪满族自治县林下中药材产业发展条例	2022 年 7 月 1 日	国司备字［2022006750］
浙江省海塘建设管理条例	2022 年 7 月 29 日	国司备字［2022006755］
浙江省反不正当竞争条例	2022 年 7 月 29 日	国司备字［2022006757］
浙江省哲学社会科学工作促进条例	2022 年 7 月 29 日	国司备字［2022006762］
山东省人民代表大会常务委员会关于修改《山东省人口与计划生育条例》的决定	2022 年 7 月 28 日	国司备字［2022006806］
山东省人民代表大会常务委员会关于加强山东现代水网建设的决定	2022 年 7 月 28 日	国司备字［2022006807］
山东省公安机关警务辅助人员条例	2022 年 7 月 28 日	国司备字［2022006808］
山东省反食品浪费规定	2022 年 7 月 28 日	国司备字［2022006814］
山东省人工影响天气管理条例	2022 年 7 月 28 日	国司备字［2022006815］
淄博市人民代表大会常务委员会关于废止《淄博市统计条例》等三件地方性法规的决定	2022 年 8 月 1 日	国司备字［2022006816］

续表

法规名称	公布日期	备案登记编号
潍坊市出租汽车经营服务管理若干规定	2022 年 8 月 3 日	国司备字［2022006817］
泰安市养犬管理条例	2022 年 7 月 29 日	国司备字［2022006843］
临沂市文明乡村条例	2022 年 7 月 28 日	国司备字［2022006818］
聊城市献血办法	2022 年 8 月 3 日	国司备字［2022006819］
湖南省安全生产条例	2022 年 7 月 28 日	国司备字［2022006764］
湖南省预算审查监督条例	2022 年 7 月 28 日	国司备字［2022006786］
湖南省规范性文件备案审查条例	2022 年 7 月 28 日	国司备字［2022006834］
广东省各级人民代表大会常务委员会人事任免办法	2022 年 7 月 28 日	国司备字［2022006759］
深圳经济特区智能网联汽车管理条例	2022 年 6 月 30 日	国司备字［2022006769］
深圳经济特区医疗条例	2022 年 6 月 30 日	国司备字［2022006770］
深圳经济特区社会建设条例	2022 年 6 月 30 日	国司备字［2022006771］
深圳经济特区安全生产监督管理条例	2022 年 6 月 30 日	国司备字［2022006772］
深圳经济特区学前教育条例	2022 年 6 月 30 日	国司备字［2022006773］
珠海经济特区无障碍城市建设条例	2022 年 7 月 29 日	国司备字［2022006844］
乳源瑶族自治县文化遗产保护条例	2022 年 7 月 29 日	国司备字［2022006789］

续表

法规名称	公布日期	备案登记编号
广西壮族自治区企业投资项目承诺制规定	2022年7月28日	国司备字［2022006790］
广西壮族自治区红色资源保护传承条例	2022年7月28日	国司备字［2022006791］
海南省人民代表大会常务委员会关于修改《海南省规章设定罚款限额规定》等二件法规的决定	2022年7月27日	国司备字［2022006841］
海南省人民代表大会常务委员会人事任免规定	2022年7月27日	国司备字［2022006842］
重庆市实施《中华人民共和国农民专业合作社法》办法	2022年7月22日	国司备字［2022006768］
重庆市慈善条例	2022年7月22日	国司备字［2022006778］
重庆市城市供水节水条例	2022年7月22日	国司备字［2022006781］
重庆市乡村振兴促进条例	2022年7月22日	国司备字［2022006782］
云南省预算审查监督条例	2022年7月28日	国司备字［2022006774］
云南省公共文化服务保障条例	2022年7月28日	国司备字［2022006775］
云南省预防未成年人犯罪条例	2022年7月28日	国司备字［2022006776］
云南省实施《中华人民共和国未成年人保护法》办法	2022年7月28日	国司备字［2022006777］
昆明市人民代表大会常务委员会关于废止《昆明市流动人口计划生育条例》的决定	2022年7月29日	国司备字［2022006784］
曲靖市城乡网格化服务管理条例	2022年7月31日	国司备字［2022006785］

续表

法规名称	公布日期	备案登记编号
云南省迪庆藏族自治州人民代表大会关于修改《云南省迪庆藏族自治州白马雪山国家级自然保护区管理条例》的决定	2022年7月25日	国司备字［2022006787］
云南省维西傈僳族自治县人民代表大会关于修改《云南省维西傈僳族自治县城市管理条例》的决定	2022年7月28日	国司备字［2022006788］
甘肃省兰州白银国家自主创新示范区条例	2022年7月29日	国司备字［2022006825］
甘肃省电信设施建设和保护条例	2022年7月29日	国司备字［2022006826］
甘肃省城市房地产管理条例	2022年7月29日	国司备字［2022006827］
甘肃省老年人权益保障条例	2022年7月29日	国司备字［2022006828］
甘肃省循环经济促进条例	2022年7月29日	国司备字［2022006829］
甘肃省农民教育培训条例	2022年7月29日	国司备字［2022006830］
甘肃省农村饮用水供水管理条例	2022年7月29日	国司备字［2022006831］
甘肃省专业技术人员继续教育条例	2022年7月29日	国司备字［2022006832］
甘肃省地震安全性评价管理条例	2022年7月29日	国司备字［2022006833］
平凉市古树名木保护条例	2022年8月1日	国司备字［2022006820］
甘南藏族自治州人民代表大会常务委员会关于修改《甘南藏族自治州城乡饮用水安全管理条例》的决定	2022年6月29日	国司备字［2022006792］
宁夏回族自治区公共文化服务保障条例	2022年7月29日	国司备字［2022006800］

续表

法规名称	公布日期	备案登记编号
宁夏回族自治区安全生产条例	2022 年 7 月 29 日	国司备字[2022006801]
宁夏回族自治区人民代表大会常务委员会关于废止《宁夏回族自治区预防职务犯罪工作条例》的决定	2022 年 7 月 29 日	国司备字[2022006802]
银川市城市供热条例	2022 年 8 月 6 日	国司备字[2022006803]
伊犁哈萨克自治州人民代表大会常务委员会关于修改《伊犁河谷生态环境保护条例》的决定	2022 年 7 月 16 日	国司备字[2022006783]

地方政府规章

规章名称	公布日期	备案登记编号
北京市标准化办法	2022 年 7 月 11 日	国司备字[2022006742]
天津市传统工艺美术保护办法	2022 年 8 月 5 日	国司备字[2022006795]
关于废止邯郸市罚没物资管理办法等 3 件政府规章的决定	2022 年 8 月 3 日	国司备字[2022006765]
邯郸市重大行政决策程序规定	2022 年 7 月 29 日	国司备字[2022006767]
邯郸市道路交通安全责任制规定	2022 年 8 月 18 日	国司备字[2022006851]
秦皇岛市休闲船艇管理规定	2022 年 7 月 6 日	国司备字[2022006846]
秦皇岛市政府规章制定办法	2022 年 7 月 8 日	国司备字[2022006847]

续表

规章名称	公布日期	备案登记编号
营口市人民政府关于修改《营口市再生资源回收管理办法》的决定	2022 年 7 月 22 日	国司备字［2022006849］
杭州市人民政府关于废止《杭州市公路水运工程质量和安全生产监督管理办法》的决定	2022 年 6 月 13 日	国司备字［2022006761］
杭州湾跨海大桥管理办法	2022 年 7 月 25 日	国司备字［2022006848］
阜阳市爱国卫生工作办法	2022 年 7 月 31 日	国司备字［2022006797］
福州城区电动自行车号牌管理办法	2022 年 8 月 2 日	国司备字［2022006810］
江西省人民政府关于废止 7 件和修改 5 件省政府规章的决定	2022 年 7 月 8 日	国司备字［2022006754］
江西省政府投资管理办法	2021 年 8 月 17 日	国司备字［2022006811］
江西省医疗保障基金使用监督管理办法	2022 年 7 月 13 日	国司备字［2022006812］
德州市住宅物业消防安全管理规定	2022 年 7 月 14 日	国司备字［2022006766］
河南省气象灾害防御重点单位气象安全管理办法	2022 年 7 月 18 日	国司备字［2022006805］
河南省村庄规划编制和实施规定	2022 年 8 月 4 日	国司备字［2022006809］
开封市消防管理若干规定	2022 年 7 月 7 日	国司备字［2022006752］
鹤壁市快递管理办法（暂行）	2022 年 8 月 10 日	国司备字［2022006798］
鄂州市人民政府关于修改《鄂州市农贸市场管理办法》和废止《鄂州市养犬管理办法》的决定	2022 年 7 月 29 日	国司备字［2022006799］
广东省特困人员救助供养工作规定	2022 年 7 月 9 日	国司备字［2022006753］

续表

规章名称	公布日期	备案登记编号
广东省科学技术奖励办法	2022 年 7 月 13 日	国司备字［2022006804］
深圳市海绵城市建设管理规定	2022 年 7 月 25 日	国司备字［2022006780］
珠海市人民政府关于废止《珠海市行政执法责任制规定》和《珠海市行政执法案卷评查办法》的决定	2022 年 7 月 17 日	国司备字［2022006744］
中山市餐厨垃圾管理办法	2022 年 7 月 26 日	国司备字［2022006763］
揭阳市非物质文化遗产保护管理办法	2022 年 8 月 5 日	国司备字［2022006850］
四川省人民政府关于废止《四川省契税实施办法》的决定	2022 年 7 月 25 日	国司备字［2022006760］
四川省人民政府关于废止《四川省计划生育条例实施办法》《四川省社会抚养费征收管理实施办法》的决定	2022 年 7 月 28 日	国司备字［2022006796］
成都市公共场所外语标识管理规定	2022 年 8 月 6 日	国司备字［2022006813］
安顺市住宅专项维修资金管理办法	2022 年 5 月 31 日	国司备字［2022006745］
山南市城市管理综合执法办法	2022 年 7 月 12 日	国司备字［2022006779］
兰州市人民政府关于废止《兰州市预拌混凝土管理办法》等三件政府规章的决定	2022 年 7 月 6 日	国司备字［2022006758］
嘉峪关市城市供热管理办法	2022 年 7 月 24 日	国司备字［2022006794］

图书在版编目(CIP)数据

中华人民共和国新法规汇编.2022年.第9辑:总第307辑/司法部编.—北京:中国法制出版社,2023.1
ISBN 978-7-5216-3240-8

Ⅰ.①中… Ⅱ.①司… Ⅲ.①法规-汇编-中国-2022
Ⅳ.①D920.9

中国国家版本馆CIP数据核字(2023)第019401号

中华人民共和国新法规汇编
ZHONGHUA RENMIN GONGHEGUO XIN FAGUI HUIBIAN
(2022年第9辑)
编者/司法部

经销/新华书店
印刷/三河市紫恒印装有限公司
开本/850毫米×1168毫米　32开　　　印张/3.375　字数/67千
版次/2023年1月第1版　　　2023年1月第1次印刷

中国法制出版社出版
书号 ISBN 978-7-5216-3240-8　　　定价:18.00元

北京市西城区西便门西里甲16号西便门办公区
邮政编码:100053　　　传真:010-63141600
网址:http://www.zgfzs.com　　　**编辑部电话:010-63141663**
市场营销部电话:010-63141612　　　**印务部电话:010-63141606**